愛で消えうるものたち

Things about what disappears with love

見知らぬミシル

Mishiranu Mishiru

イースト・プレス

はじめに

これまで生きてきて辿り着いた一つの結論があります。

それは「人は〝対話〟の中でしか根本的に変われない」ということです。

ここで言う「対話」とは、少し広い意味を指し、単に相手との会話の発展形にとどまりません。それは、相手や風景や作品や現象などの「対象」を通して「自分」と話す、「自分」を通して「対象」と話す、といった循環構造を実現させていくことです。

つまり対話では、何かを問うこと、じっくりと考えることが求められます。

一方で対話と対照的なものとして、TikTokなどの動画をはじめとする、結論のみが書かれた短く分かりやすいコンテンツがあります。それらは僕たちの頭の中を右から左へと流れ、心に何の引っかかりも残さず、雲散霧消してしまいます。それはあまり対話的なものではないし、人が変わる契機になり得ません。

このような気づきの出発点は僕の前職である「小学校の教師」が関係しています。

そこで僕は「対話」を実践し、その重要性を感じ取ってきました。

例えば算数で「2×3＝6」という内容を教える際、多くの場合「2が3つあるから6です」という説明を教師はし、子供達はそれをノートに書きます。あるいはもっと効率性を重視した場合、九九で暗記させるでしょう。一方ではもしもこれを対話的にするとしたら、「なぜ2×3＝6になるのか」といった提示の仕方になり、子供たちに答えが導き出される過程や理由を考えさせます。僕の教室では、それを友達に説明して分かってもらったらサインをもらうというやり方が用いることが多いのですが、子供によって説明する方法や答えを出すまでの過程が少し違ったりするので対話が生まれやすいし、交流が進んでいくと新しい問いが出てきたりします。例えば「2＋2＋2と何が違うのか」「3×2でも答えが同じになるのはなぜか」などです。そういった循環的で連続性のある学びにより、かけ算の概念や足し算との違いなどといった数学の本質的な理解に迫れます。確かに勉強は丸暗記をした方が効率的です。しかしそれでは応用が利きません。それはただの点としての情報であり、線となる知識や知恵となっていきません。つまり効率的に見えて、非効率的なのです。

これは恋愛や他のことにおいても同じことが言えます。

「大切にしてくれない男とは別れるべき」「自己肯定感が高いと恋愛は上手くいく」よく見かける自明的な主張だと思うのですが、それを知っているからといって、実際に潔く別れられるわけでも自己肯定感が上がるわけでもありません。つまり知っていることとできることの間には大きな隔たりがあるということです。そしてその隔たりの中には「理解」という過程があり、できないということは理解してないということを意味していています。腑に落ちてないという言い方もできるでしょう。

では理解するためには何が必要かというと、やはり対話の存在です。人は対話によって時に傷口を広げます。なぜならそれは見えないものと対峙することであり、見えないものの中には当然「見たくないこと」も存在するからです。しかしそういった、表層ではない部分に意識を向けることができなければ、人は大事なことに気づくことはできません。

この本は相談者と僕の対話が中心に展開されており、そこでの主張や相談者が導き出した考えは、その文脈のなかで生まれたものであり、絶対的な答えではありません。しかし、それぞれの話者に自分を重ねたり、あるいは問いを持ちながら読んだりしていくことによって、自分に合ったオーダーメイドの気づきが得られるかもしれません。

そのような対話的な読解をしていただけると僕は嬉しく思います。

CONTENTS

愛情

LOVE

自分が何を探しているか分からない人は、それを見つけることができないでしょう。
自分が何を欲しているか分からない人は、それを手に入れることは難しいでしょう。
「彼から愛情を感じられません」と話す人がいます。
「あなたにとっての愛情ってなんですか？」と僕は訊きます。
彼女は長く沈黙します。
どうやらその問いについて今まで考えたことがなかったようです。

果たして愛情とは何でしょう。どういう状態であれば愛されていると言えるのでしょう。愛情と愛の違いは。それらと恋愛感情は全く別のものなのか。

愛情について考えると、その言葉から派生して、色々な問いが浮かんできます。

僕はこれまでの人生の中で愛に関するあらゆることを考えてきたつもりですが、正直よく分かっていません。例えば、自分なりに愛情を持って関わっていたつもりでもそれが全く届かないことがあります。それどころか傷つけてしまうこともある。その時、自分が考えていた愛とは何だったのかと虚しくなるのです。

そもそも「自分なりの愛」という意識自体が、ひどく傲慢で、一方的で、身勝手な発想からきていたことに気づきます。相手に「愛されている実感」がなければ、それは愛と言えないのかもしれません。それは優しさも同様で、受け手がそれを優しさと捉えなければ、どんなものも優しさとして成立しないのではないでしょうか。こちらがどれだけ善意や厚意を持っていたとしても、それが相手に求められていなければ、愛情や優しさは時に暴力に変わってしまうこともあるのです。

そうなると、相手に愛されている実感を与えるために、僕たちは相手が何を求め、何を求めていないのかを理解していかなければなりません。

では、相手を理解していくためには、何が必要なのでしょうか。

まず必要なのは、相手に対する関心でしょう。関心がなければ、そもそも知ることができません。加えて技術や能力が要ります。いくら関心があっても、相手に対しての何らかの働きかけや行動、そしてそれを支える知力や体力がなければ、理解までは到達しないからです。例えばそれは、多様な視点で観察すること、何度も対話すること、状況や文脈に応じて言葉を紡ぎ直すこと、自他を分離すること、まだ見ぬ人格や可能性を信じること、欲望やエゴを律すること、得た情報を分析したり客観的に検証したりすること、などでしょうか。

そう考えると、相手を愛するということは非常に難しいことなのかもしれません。

あるいは反転して考えた時、愛というのは感受の問題とも言えます。

相手の行為や態度や生き様から、愛を拾うこと、取り出すこと。発見し、意味づけ、美しい形を与えること。時に受容し、許すこと。そして感謝を表現すること。

相手が愛を感受した時、僕たちは「愛する人」となります。

大切な相手を愛する者とすることが愛の仕事だと解釈することもできる。

みなさんにとっての愛とはなんでしょう。どういう時に愛情を感じますか。

この項では、愛情に関して何かしらの疑問や悩みを持った人たちと僕との対話が展開されていきます。

読み進める中で、愛情というよく分からない概念の実態や、愛情と混合されて認識されがちなあらゆる概念（恋愛感情、好き、恋など）の違いや関係性などについて、自分なりに考え、納得解を見つけてほしいと思います。

おそらくそれは、単純化できるものでも、白黒はっきりできるものでもないはずです。例えば、「愛情はあるけど恋愛感情はない」とか「好きだけど愛情は薄い」とか「愛していているけど好きではない」とか、そういったことは実際にあるでしょうし、男女間でも差異がある気がします。

そういった人間に関する矛盾や複雑性を知ることは、恋愛をしていく上で、生きていく上で、きっと必要なことだと思います。

あなたなりの愛情や愛への理解が少しでも深まることを願っています。

Q1

付き合って3ヶ月くらいなのですが、彼氏が私のことを本当に好きなのかどうか分かりません。愛情表現があまりなくて、何を考えているか分からないところがあります。彼は私に対して愛情がないのでしょうか。

Yさん（26歳・事務職）

――愛情表現って時間の経過に伴い変化していきますよね。特に男性の場合は、女性と比べて顕著な変化が見られることが多いので、それによって悩まれる方は多くいます。ただ人間の愛情のあり方は多様で時に複雑な様相を持っていて、一概にこれが愛情だと断定するのは難しいです。質問ですが、Yさんが思う愛情表現って例えばどんなものがありますか？

Y：やっぱり好きって言葉とか、スキンシップとか、マメな連絡とかですかね。

――確かに好きって言ってもらえたりすると安心しますよね。彼はYさんにあまり好きと言ってくれないのですか？

Y：言ってくれたことはあるのですが、そんなに頻繁には言ってくれないですね。だから私の方でもっと好きと言ってほしいとお願いをしたことがあるのですが、なかなか変化は見られなくて…。

――彼はその時、どのような反応をしていましたか？

Y：「分かった。でも本当に思った時に言いたい」と言っていました。なんか私の気持ちを受け取ってもらえなかった気がして、悲しかったです。

――なるほど。Yさんとしてはもっとたくさん言ってほしいわけですよね。ところで、気持ちがこもった「好き」を週に一度言われるのと、気持ちがこもってない「好き」を毎日言われるのだとどちらが嬉しいですか？

Y：それは、頻度が少なくても気持ちがこもっている方が嬉しいです…。

――おそらく彼が言いたかったのは、「愛情表現を義務化したくない」ということだと思うんですよ。

Y：そうなんですね。私は要望を受け取ってもらえなかったと捉えてしまいました。

――もちろん、その可能性もゼロではないのですが、Yさんが彼と関係を継続する意思や愛情があるのであれば、あらゆる視点で彼の発言を見ていく必要があります。ちなみにですが、Yさんは彼に「好き」と伝えていますか？

Y：そう言えば、なかなか伝えていません…

それはなぜですか？

Y：恥ずかしくてなかなか言えないからです。あと好きって伝えて重いって思われたら嫌だし…。

——でもYさんは彼のことが好きだと思っていますよね？

Y：はい、好きです。

——Yさんが彼のことが好きなのに言葉にして言えていないことからも分かるように、人間の愛情は、好きという言葉や連絡頻度などの表面的なものでは測れません。中には好きじゃなくても相手をコントロールしたいが故に好きと言う人もいますし、一方でYさんのように好きだけど恥ずかしくてなかなか言えない人もいます。連絡頻度も人それぞれです。

そもそも、愛情という曖昧で不可視な実態を測ろうとすること自体が間違いなのかもしれません。

Y：ではどうすればいいのでしょうか…。

彼に対して関心を持ち、理解することに努めましょう。彼はどんな人間なのか、彼はどんなことを大切にして生きているのか、彼がしてくれていることは何か、しようとしていることは何か、しないでいてくれることは何か、そういったことを継続的な対話と観察によって知っていきましょう。もちろん、全てを理解することはできません。理解できないことは理解できないままでいいのです。そうやって彼を見つめようとしていくと、何かを感じたり気づいたりしてくると思います。

Y：はあ、なるほどです。今ミシルさんの話を聞いて、自分にはなかった視点だなと思いました。でも「しないでいてくれること」というのが具体的にどんなことなのか分かりません。例えばどういうことですか？

——例えば「話を遮らない」「話や要望を否定しない」「真剣な話から逃げない」「嘘や思ってもいないことを言わない」「傷つく言葉を言わない」「決めつけてこない」「不機嫌を関係性の中に持ち込んでこない」「確定できな可能性の低い約束をしない」などです。これらは「しないこと」なので、意識していなければ認識することができません。

Y：振り返ると、彼は私の話を否定しないで聞いてくれるし、聞いたことに対しては、きちんと答えてくれます。傷つく発言をしないし、いつも穏やかでいてくれます。そういったことを当たり前だと捉えて感謝の気持ちを忘れていました。

——僕は「しないこと」も愛情の一つだと思っています。「してくれること」だけが必ずしも愛情とは限りません。「しないこと」をするためには、相手と向き合おうとする姿勢や誠実でいようとする態度が必要になってきます。例えば、相手の価値観を理解し違いを尊重すること、自分を律すること、相手に関心を持ち配慮すること、自分の言動に責任を持つこと、などです。これらは基本的に相手に対して愛情がなければ実行しづらいものです。

Y：私は自分がしてほしいことばかりにとらわれていたような気がします。もっと自分中心の視点だけでなく、彼の立場でも見ていこうと思えました。

——いいですね。あと、「好きと言ってほしい」と伝えても、人が好きを伝える動機付けに発展することはあまりないです。小学生の頃を思い出してほしいのですが、「早く宿題やりなさい」とか「勉強しなささい」と言われて「よし、やろう」ってなりましたか？　多分かえってやる気をなくすと思うんです。人間は本来、「人から決められるのでなく自分で決めたい」という主体的な欲求を持っています。大事なのは、相手の主体性を奪わないことです。

Y：相手の主体性を奪わない…難しそうです。

――僕は専門が教育学なので教育を例に出すのですが、子供が勉強に対してやる気を出すのは、親や教師が子供の勉強の様子に関心を持ち続け、適切なフィードバックをしている時なんです。端的に言うと、子供が自ら学ぼうとしている姿や頑張っている様子に感動し、喜びを伝えるということです。今回のケースで言うと、「好き」と言われたときに、嬉しさや喜びや感謝を精一杯表現することです。

Y：そう言えば、あんまりリアクションをしていなかったかもしれないです。私、昔からリアクションをすることが苦手で…。

――Yさんなりのリアクションをすればいいと思いますよ。喜びのリアクションをするとどうなるかというと、彼は「自分が愛情を伝えると彼女はこれだけ喜んでくれるんだ」と学習をします。人間の行動というのは基本的に全て学習の結果で、その行動をする意味や効果を感じられないと人はその行動が継続されません。つまるところ、彼が好きと伝えたくなる女性になればいいということです。もしも彼がYさんに対して愛情があれば、喜びを伝えた時にその行動は継続されやすいです。これは嫌なことをされた時も同様のことが言えます。嫌なことをされたときに、一般的な正しさや倫理的な観点で伝えるのではなく、悲しみという感情で伝えることが重要です。彼がYさんのことを大切に思っているのであれば、悲しい姿を見たくないので、その行動は中断・減少されていくはずです。

Y：感情を言葉にして伝えるということが大事なんですね。すごく参考になります。

――もしもその時にリアクションがうまくできなかったとしても、後から伝えてもいいですよ。「あの時、私の髪型の変化に気づいてくれてありがとう。すごく嬉しかった」とか「前に私が作った料理を美味しそうに食べてくれてすごく自信になったよ」みたいな感じで。もしも彼がYさんに対して愛情があれば、伝えてくれたことを喜んでくれたり、嬉しい表情をしたりするはずです。相手に求めるだけではなく、こちらも相手に対して愛情表現していくことが大事ですね。

Y：確かにそうですね。相手に求めてばかりで私は全然してなかったことに気づきました。私は話して伝えるのが苦手なので、手紙にしようとも思うのですが、それもありですか？

——もちろんありです。素晴らしいです。好きな人がいて、好きな気持ちを伝えられる距離感でいられることってすごく幸せなことだと思います。僕たちって好きな人がいることとか、付き合っていることとか、気持ちを伝えられることをすぐに当たり前だと考えてしまいますが、全部当たり前じゃないですよね。もしかしたら一週間後に別れてしまうかもしれないし、急に伝えられなくなる日が来るかもしれない。だから今伝えられることは伝えていった方がいいですよ。

MISHIRU POINT

1.

好きという言葉や連絡頻度などの表層的な情報で愛情を捉えることは困難。

2.

愛情を受け取るための観点として、「何をしてくれているか（実行）」「何をしようとしてくれているか（意志や態度）」「何をしないでいてくれているか（制御）」「何をしないでいようとしてくれているか（意志や態度）」などがある。

3.

何かを過剰に要求することは相手の主体性を奪ってしまうことになるので、相手の行動へのリアクションが重要。

4.

正しさで伝えるよりも個人的な感情で伝える方が届く。

Q2

1年ほど付き合っていた彼が急に「好きな気持ちが分からなくなった。距離を置きたい」と言ってきました。その後、二週間くらい連絡もせず距離をおき、私の方から「別れたいの？」と聞きました。彼からは「別れたくはない。何回か会って話し合いたい」と言われました。その後、何回か会って普通に楽しく過ごせたのですが、ある日のデートで「やっぱり好きな気持ちが分からないかも」と言われました。私は彼のことが好きです。でも好きな気持ちが分からないと言っている彼と一緒にいるのがしんどいです。どうしたらいいでしょうか？

Cさん（24歳・栄養士）

――「好きな気持ちが分からなくなった」と発言する男性の話はカウンセリングでたまに聞きます。そういう人の性格として、「真面目で責任感がある」「感情や感覚よりも思考を重視する」といった傾向性や特徴があります。その彼はどうですか？

C：まさにミシルさんが言った通りの感じの人です。彼は現在大学院生で、研究についての話などをたまに話してくれるのですが、話を聞くたびに頭で考えるタイプの人だなと感じます。

——好きという気持ちは、頭で考えても中々答えが出せるものではありません。そして正確に言語化ができるものでもありませんし、定義や感覚は人によってそれぞれです。Cさんの好きの定義と彼の好きの定義が異なっている可能性はありませんか？

C：はい、だから私は彼に対して「あなたにとっての好きは何？」と聞いてみました。そうしたら彼は「その人の伝記を読みたいかどうか」と言っていました。私はよく意味が分からず、その場で「それって好きじゃなくない？」と言ってしまいました。それがよくなかったのかもしれません。

——なるほど。なぜ、Cさんは、それを「好きではない」と判断したのですか？

C：私にとってそれは「人としての尊敬」だと思ったんです。それだと友人と何が違うんだろうって。私は「恋愛的な好き」いわゆる「恋愛感情」が欲しかったのだと思います。

——「恋愛感情」と「尊敬」って何が違うのですか？

C：難しいですね…。私にとって恋愛感情は「もっと会いたい」で、尊敬は「知りたい」ですね。

——それって切り離せるものですか？　要するに、一人の人への想いの中に「もっと会いたい」と「知りたい」が共存していることも多いような気がします。

C：確かにそうですね。そう言われてみると、恋愛感情と尊敬の違いは難しいです。

——僕は一つの解釈として「恋愛感情」＝「性欲」というものがあると思います。性欲と言っても幅広くて、「触れたい」「顔が好き」「匂いが好き」「声が好き」「声を聞きたい」「体型やスタイルが好き」「同じ感覚を味わいたい」なども該当します。

ただ、これは範囲を限定できるものではなく、恋愛感情と尊敬が重なっている部分も当然あります。また、人によって恋愛感情が発生する順序性が異なることがあります。例えば、外見的な印象から恋愛感情を持つ人もいれば、その人のことを深く知っていって、尊敬や信頼から恋愛感情が発生する人もいます。

C：今思うと、彼は後者のタイプなのかもしれません。あと、今思い出したのですが、私が彼に職場でのパワハラの相談を持ちかけたときに、「今は余裕がなくて聞きたくない」と言われてしまったことがあります。普段はよく話を聞いてくれて私に寄り添ってくれるのですが、その時、彼は仕事が繁忙期だったみたいで、断られてしまいました。また、「愚痴をずっと聞いていると尊敬ができなくなる」とも言われました。彼は滅多に愚痴や弱音を吐かないタイプで、多分そういうのがカッコ悪いと思っているところがあるのかなと感じます。

——なるほど。彼は愚痴や弱音を吐かないで淡々と努力することを一つの美学としていて、相手がそこに反すると尊敬の気持ちが薄らいでしまうのかもしれないですね。彼にとって恋愛感情と尊敬は近いので、彼女のことを好きでい続けるために

「聞きたくない」という防衛をしたのだと捉えることもできます。

C：そうかもしれません。彼は「好きな気持ちを取り戻したい」と言ってくれています。そしてそのために頻繁に連絡を取ってくれて、会おうとしてくれます。行動で見たら好きなのかもなって思ったりするのですが、やっぱり彼が言った「好きかどうか分からない」という言葉が頭にずっと残っていて。

――彼は、「好きな気持ちに関しては定まっていないけど、関わっていきたい、向き合っていきたい」という気持ちはあるということですね。そしてそれが行動に表れている。これは嬉しいことではないですか？

C：そうですね。でももしかしたら彼は無理しているんじゃないかという気がして、なんか私に合わせてくれようとしているのかなとかも思うんです。

――なるほど。でも仮にそうだとしても、「Cさんに合わせたい」って思ってくれていることは確かな事実ですよね。それは一つの愛情や好意だと思います。言葉と行動、どちらが大事かを明らかにすることは難しいですが、行動は言葉に比べて取り繕うことが困難です。それに行動は言葉に比べて支払うコストが大きいです。彼が向き合おうとしてくれる以上、Cさんもまずはその姿勢を受け取ろうとすることが誠実さなのではないかと思います。確かに好きかどうかが、曖昧で定まらない状態は苦しいかもしれません。早く彼から答えが欲しいと思います。でも、だからこそ現在Cさんが彼をどう思っていて、彼とどうしていきたいかという自分の意志が問われています。相手の気持ちが確認できてからでないと自分がどうしたいかが分からないなら、それまでの気持ちや覚悟なのではないかと思います。

C：分かりました。厳しいご指摘をありがとうございます。彼と真剣に向き合ってみようと思います。

MISHIRU POINT

1.

人は言語や思考で「好き」を判断することは難しい。

2.

人によっては恋愛感情と尊敬感情の境界線は曖昧である。

3.

人によって恋愛感情が発生する順序性が異なることがある。

4.

愚痴を言うことや弱音を見せることに抵抗感を持つ男性は多い。それは古くからある「男は強くあらなければならない」という価値観が伝承されたものであり、未だその価値観に縛られている男性が多い。

5.

行動は言葉と比較すると支払うコストが多い。それゆえ、多くの場合、「何を言うか」よりも「何をしているか」の方がその人の愛情や誠実さが表れる。

Q3

現在シングルマザーです。今彼氏がいるのですが、大切にされているのは分かっているのに、なぜか愛情を受け取ることができません。どうすればいいでしょうか。

Kさん（35歳・飲食店アルバイト）

——愛情を受け取ることって簡単なようで実際はすごく勇気がいることですよね。どんなところから大切にされているなって思うのですか？

K：話をじっくりと聞いてくれたり、私の立場に立ってアドバイスをしてくれたりします。あと、子供ともよく遊んでくれて、すっかり彼になついています。私にとっては子供の存在を受けて入れてもらえるかが不安要素ではあったのですが、彼は子供が好きなようで、面倒見も良くて本当に助かっています。

――それはすごく優しいですね。

K：それから、無責任な発言は絶対しない人です。変に期待を持たせるようなことは言わないし、守れない約束や宣言はしないです。

――なるほど。今話していただいた情報だけでも彼の誠実さがとてもよく分かります。特に「無責任な発言をしない」ができるっていうのは、自分の発言の影響力を相手の立場になって冷静に考えられるってことですよね。それは確かにKさんを大切にされていると僕も思います。でも不思議ですね。そうやって大切にされていることをしっかり理解されているのに、愛情を受け取れてないと感じるんですよね。これってなんでだと思いますか？

K：自信がないからだと思います。

――自信がないと愛情を受け取れないのですか？

K：私なんかって思ってしまうんですよね。彼はすごく優しくて魅力的だから、私よりももっとふさわしい女性がいるのではないかと思ってしまいます。

――なるほど。彼にはどんな人がふさわしいと思いますか？

K：もっと若くて綺麗で賢い人ですかね…。

――では、もっと若くて綺麗で賢い人がいたとして、お互い好きな気持ちがなかったとしても、その人が彼にふさわしいと思いますか？

K：…思わないですね。でもいずれは好きになっていくんじゃないかとは思います。

――彼はKさんのことが好きなのですよね？

K：好きだと思うのですが、最近、「身体の関係は毎回なくてもいい」と言われて凹んでいます。やっぱり私のことは好きじゃないのかなって。

――なるほど、そう思うのですね。でもそれってむしろKさん自身のことが好きなのだと思いますよ。だって身体の関係がなかったとしても一緒にいたいってことですよね。会話をするだけで、あるいは一緒の時間を過ごしているだけで満たされるってことじゃないですか。もしも毎回会う度にセックスだけして、それ以外には何もなかったらどうですか？

K：それはセフレみたいですね。そっちの方が嫌です。

――身体の関係を一切持ちたくないって言われたら、それはショックかもしれませんが「毎回なくてもいい」というのは、「身体の関係が毎回なかったとしても満たされている」ということだと思います。質問なのですが、Kさんって、彼に対して謝ることは多いですか？

K：すごく多いです。彼にも指摘してもらったことがあります。「ごめんねって言わなくて大丈夫だよ」と言ってくれました。

——なんでこの質問をしたのかというと、彼氏からの愛情を受け取ることが苦手な人の相談はたまにあって、そういう人はみんな共通して「ごめんね」「すみません」を口癖のように多用しているんです。僕は彼女たちに対してそれらの言葉を「ありがとう」に変えるように助言するのですが、どうしても抵抗感があるみたいです。なぜだと思いますか？

K：なんででしょう…。本当に思ってないのに言っていいのかって考えてしまうからですかね。

——おっしゃる通りです。彼女たちは共通して「本当に思ってないことは言ってはいけない」という思い込みを持っています。

K：はい、私もそうです。

——ですよね。でも、感謝の心って言葉からも生まれるんですよ。感謝の心があるから感謝の言葉が伝えられることもあれば、感謝の言葉を伝える習慣があるから感謝の心が育っていくこともあります。要するに、感謝の言葉を普段自分が言っているから、有り難みを見つけやすい思考や身体ができていくんです。最初から感謝の実感が伴っていなくても構いません。大事なのは感謝をしようとする姿勢です。実感は後からついていきます。

K：そうなんですね。意識して言ってみようと思います。

――「すみません」を「ありがとう」に変える、感謝の言葉を言う回数を増やすって、誰でも聞いたことがあるようなよくありがちな助言だと思うのですが、これこそが最も簡易的に幸福を最大化させる方法だと僕は考えています。

K：でもどうしてもネガティブになってしまうことがあるのですが、そういう時ってどうすればいいのでしょうか。

――まず、「ネガティブになってもいい」と考えましょう。そもそもそういうネガティブな想念って自然現象なんです。

K：そうなんですか？　ネガティブは私の性格かと思っていました。

――前提として、ネガティブは人間が生存するために作り出した防衛機能であることを理解した方がいいと思います。文明が発達するまでの人類は、敵や動物がいつ襲ってくるか分からない状況で、ネガティブ感情（危険を予測する機能）がなかったら生存できなかったようです。でも、社会が変わっていく速度に人間の機能は対応しきれずにいて、現代は不要な心配や不安を抱えている人が非常に多いです。つまり、勝手に作り出してしまった不安という妄想を現実的な問題として誤認しているということです。「これは妄想なんだ」と冷静に客観的に受け止めることが重要ですね。もちろん、その中には必要な不安もあるのですが。

K：必要な不安と不要な不安の見極め方ってあるのでしょうか？

――準備可能かどうかです。例えば、「明日彼にちゃんと自分の思っていることを伝えられるかどうか」といった不安は準備可能なものです。彼に伝えるべきことを整理してまとめるという準備ができます。しかし、「もし明日彼に振られたらどうしよう」といった不安は準備しようもないし、そもそも不安の根拠がなかったりします。そんな感じで仕分けしていくことが大切です。あと、不安ってことはそれだけ大切な存在なのだと思います。先回りして最悪の想定をしてしまうのも、傷つくのをあらかじめ回避する予防線を張ってしまうのも、結局相手のことを大切な存在として認識しているから起こることなんですよ。だってどうでもいい人に対していちいちそんなこと考えないじゃないですか。

K：そう言ってもらえると、なんか今の自分を認めてもらえた気がします。

──大事なのはネガティブを消すことでも、ネガティブな自分を否定することでもありません。ネガティブを自然なものだと認め、共存していくことです。

K：ネガティブさも含めて自分を受け入れられるようにしていきたいと思います。ありがとうございます。

MISHIRU POINT

1.

感謝の言葉を口癖にすることによって、愛情を受け取る姿勢を身につけていくとよい。言葉から実感は生まれていく。

2.

ネガティブは気質や性格ではなく、誰しもに備わっている自然現象であり、共存していくことは可能。

3.

必要な不安と不要な不安の違いは「準備可能かどうか」。

4.

先回りして最悪の想定をしているのは、傷つくことをあらかじめ回避しようとしているから。不安を「それだけ相手のことを大切に思っている」と解釈をすることもできる。

別れ・失恋

LOST LOVE

みなさん、失恋って何だと思いますか。

恋が成就しないことなのか。恋人関係が終わり、別れに至ることなのか。

あるいはもっと原初的に考えた場合、失恋という文字から「恋を失う」と解釈することもできる。恋を失うとはどういうことなのでしょう。

例えばこんな経験はありますか。

かつての恋人と久しぶりに再会して話した時に「なんでこの人のことを好きだったの

か全く思い出せない」とか「あの時に別れを引きずっていた私はどこにいってしまったのだろう」と思った経験。

　仮に失恋を「恋を失う」とするのであれば、「恋をしていた時の自分を忘れる」と定義することもできます。

　あるいは、あの頃の自分は恋をしていたと思っていたが、終わってみるとそれは恋ではなかったと気づくあの瞬間のことを指すのかもしれません。寂しくないことが少しだけ寂しく、なんか虚しい状態。

　このような偏った見方をしてみると、失恋の解釈も様々です。

　ただ、一般的な定義に戻ると、失恋というものは、すごく苦しいものとされています。

　僕の元に寄せられる相談でも、別れや失恋に関しての内容が最も多いです。

　なぜなのでしょうか。

　おそらくですが、人間の苦しみというのは、何かが手に入らないことへの渇望よりも、持っていたものや与えられる予定だったものが失われてしまうことにあるのだと思います。

　特に誰かを好きになるということは、自分の人生の、あるいは自分のアイデンティティの一部をその人に託すことでもあるので、関係が終わった後に、ぽっかりと穴が空いたような喪失感が生まれたり、激しい痛みが襲ったりするのは当然なことでしょう。

そしてそういった誰かを失ったつらさに対しては、具体的な解決策やあらかじめ用意できる救いの言葉などがありません。

それはどうしようもない現実であり、どうしようもできない感情なのです。

少し身も蓋もないことを言いますが、ほとんどの恋愛の終焉は別れです。

結婚したとしても命が尽きるまで共に過ごせる保証などありません。

「3組に1組が離婚する」とも言われているほどです。

つまり、恋愛というのは、「いつか別れる」という儚さや脆さが前提として存在しているということです。それは、人生の無常さや不条理を意味しているとも言えます。

しかし、人間はそういった現実をそう簡単に受け入れることはできません。

だからこそ復縁を求める人が多いです。

現代では、復縁占いや「復縁が絶対に成功する」と謳った情報商材に溢れており、そういったものに振り回され、現実を見ることができていない人たちが多い印象です。

復縁は基本的に破綻した関係を修復する試みでありますが、それは再び淡い幻想にすがることでもあります。

したがって、多くの場合それは困難な形を取ります。

ただ、だからと言って僕は復縁を全面的に否定しているわけではありませんし、可能性はゼロだとも思っていません。それは状況次第です。

この項では、そういったことも含めて皆さんに考えてもらいたいです。

それは占いなどのスピリチュアル的な方法の模索ではなく、現実に立脚した思考であるべきだと思います。

別れや失恋の苦悩に対してどのように向き合い、どのように前進すればいいのか。

復縁の可能性や方法はどんなものなのか、あるいは、僕たちが人生の中で避けては通れない別れというものが、どのような意味を持つのかを読みながら探求してほしいです。

Q1

失恋の乗り越え方を教えてほしいです。3週間ほど前に彼から結婚を考えられないという理由で振られてしまいました。正直言うとまだ彼のことが好きですし、忘れられません。今まで一番好きだった人ですし、楽しい思い出もたくさんあります。頑張って乗り越えようとしているのですが、なかなかうまくいかないです。

Aさん（24歳・アパレル店員）

――彼のことがまだ好きな状態で別れるというのはつらいですよね。Aさんは、今どのようにして失恋を乗り越えようとしているのですか？

A：マッチングアプリを新しく登録して、いろんな男性と会って元彼を忘れようとしています。

――そうなのですね。早速行動に起こしている点が素晴らしいなと思います。でもAさんは元彼のことを忘れるどころか、さらに思い出してしまっているのではないかと思うのですが、どうですか？

A：そうなんです。誰と会っても楽しくなくて、やっぱり元彼の方がいいなって思ってしまって余計に苦しくなってしまっています。失恋してから女友達に話を聞いてもらったら「失恋の傷は新しい男で埋めた方がいいよ」って言われたので、マッチングアプリをやってみたんですけど、なかなか上手くいかないです。

――確かにそのようにアドバイスする人は多いですよね。ただ、多くの方の相談を受けてきて分かったことなのですが、「失恋の傷を他の男で埋める方法」が有効に働いたケースは実際少なく、むしろ元彼との比較が始まり、逆効果になってしまうことが多いようです。

A：ではどうすればいいのでしょうか。早く彼のことを忘れたいです。

――まずは忘れることを諦めましょう。

A：忘れることを諦めるのですか？　苦しいから忘れたくて必死に頑張ってきたのに、諦めるなんて考えられないです。

――そうですよね。彼のことを思い出すたびに苦しくなってしまいますよね。ただ、失恋後の理想的な状態とは「彼を忘れた状態」ではなく「彼のことを考えても大丈夫な状態」です。そもそも彼を忘れることはできません。それはおそらくAさんも薄々気づいていることなのではないかと思います。どれだけ忘れようとしても、ふとした時にどうしても思い出してしまいますよね。それはとても自然なことです。
なぜなら、その人と過ごしてきた時間がそれだけ濃密なものだったからです。だからまずは彼のことを考えてしまう自分に対して許可を出しましょう。

A：彼のことを考えてもいいのですか？

――もちろんいいです。彼のことを思い出すたびに自分を否定してしまったりしませんか？「まだ引きずっている自分はダメだ」とか「早く忘れたいのになんで考えちゃうんだろう」っていうふうに。

A：本当にそうです。すぐ自分のことを責めてしまいます。

――自分のことを責める必要はないですよ。何度も言いますが、思い出してしまうことは自然なことだからです。

A：でも、考えている時はどうしても苦しくなってしまいます。

――そうですね。だから考えるのをやめるのではなく考え方を変えましょう。おそらくAさんは元彼のことを考えている時に「あの時こうすればよかった」「もっと自分がこうしていれば別れることはなかったかもしれない」などと考えているのではないでしょうか。もちろんそれを考えることが悪いわけではないのですが、考えても出口が見えず堂々巡りになっているのだと思います。それはとても苦しいことです。だから、その彼との出会いによって自分は何を新しく知ったのかを考えてください。Aさんは彼との関わりの中でどんなことを知りましたか？

A：そうですね…。自分には未熟な部分がたくさんあるのだなと知りました。

——例えばどんなことですか？

A：思っていることをなかなか素直に言えないとか、結構すぐ感情的になってしまって彼を責めてしまうところとかですね。

——なるほど、そういった自分の未熟な部分を知ることができたのですね。

A：はい、そうです。

——今まで元彼のことを思い出した際もそのようなことは考えていましたか？

A：考えていました。でもその時は「もっと思っていることをちゃんと伝えればこんなことにはならなかった」「感情的になってしまって彼を責めた自分ダメだったな」って感じで自分を責めるような表現になっていたと思います。

——そうですよね。でも「〜を知れた」と少し表現を変えることで自己否定ではなく、認知や学習になります。すごく些細な違いなんですけど、こういう受け取り方の違いが自分の心に与える影響ってすごく大きいんですよ。人は「知れた」と表現することで、現実を受容しやすくなります。現実を受容することによって、それは学びに変換しやすい情報になります。これが先ほど僕が言った、「考えるのをやめるのではなく考え方を変える」ってことです。要するに、元彼のことを考えたとしても、最後に前向きな着地をすればいいということです。

A：なるほど、それなら私にもできそうな気がします。

——それから「あの時もっとこうすればよかった」というのは、「その時の自分にはその選択肢しかなかったからそうせざるを得なかった」ということです。僕たちは何かが終わった後に「仕方がない」で済ませたくない気持ちを持ってしまいますが、人生は「仕方がない」でしか済ませないものばかりだと思います。だからそのために「正しく考える」ということが必要になります。「正しく考える」とは、大事なことに思考を焦点化するために考えても仕方がないことを特定し、それを切り捨てていくことです。

A：確かにそのように考えていけば無駄に考えることは少なくなりそうです。あと聞きたいのですが、マッチングアプリで他の男性と会うことはあまり良くないのですか？

――そうですね。恋愛目的で会うとなると元彼との比較が始まり、元彼を思い出して苦しくなってしまうので、友達作り、あるいはコミュニケーションの練習目的で会うのであればいいと思います。ただ、相手が男性だと、どうしても元彼を思い出してしまうきっかけを作る装置になり得るので、フラットに関わることが難しいようならあまりおすすめはできません。

A：そうなんですね。何か他に失恋の傷を癒す方法はあるのでしょうか？

――あります。それは「新しい環境や新しい場所に行く」「新しい趣味や生活を始める」「新しいメイクやファッションを取り入れる」などです。おそらく現状は、元彼の記憶が頭の中に強く残っている状態だと思います。だからその記憶の濃度を相対的に薄くしていくために、新しいインプットを心がけるといいです。環境や趣味や生活が今までと変わらないと、結局彼との記憶が依然として際立ったままなので、なかなか記憶が薄まっていかず、フラットな状態にまで移行しづらいです。よく「全ては時間が解決する」と言いますが、これは時間そのものが解決をしているのではなく、時間の経過に伴うインプットの追加よって解決しているのです。だから、今まで通りの時間の使い方では現状はなかなか変わらないでしょう。日常に新しい変化や新しい刺激を取り入れていくことが重要です。

A：すごく納得しました。例えばですが、髪型を変えることも有効ですか？

――とても有効です。失恋後に髪を切る女性は多いですが、実はかなり理に適った行為です。新しい自分になるということは、ある種、過去の自分と訣別するということです。外見的にでも内面的にでも自分が何かしら変化することによって、過去と現在を切断している感覚を得ることができるので、とてもいいと思います。

あともう一つ。これは失恋に限った話ではないのですが、何か思い悩んだ時や自分の状態があまりよくない時は、長距離の移動をすることをお勧めします。幸福とは移動距離に比例するという言葉もあって、移動することによって僕たちは時間の流れや普段は目にしない風景や自然など、様々なことを五感で体験し、それによって生まれるひらめきや癒しなど、思いがけない幸せを得ていることがあります。

A：分かりました。マッチングアプリで他の男性を探そうとするのではなく、自分が今したいことや、今までしてなかったことをしたいと思います。旅行も最近行けていなかったので、行ってみたいです。ありがとうございました。

MISHIRU POINT

1.

失恋の傷を他の男性で埋めようとすると、比較によってさらに苦しい思いをすることになることが多い。

2.

失恋後の理想的な状態は「彼を忘れること」ではなく、「彼のことを思い出しても大丈夫なこと」。

3.

彼との出会いや関わり、その失恋から何を学んだかを考えると現実を受容しやすくなる。

4.

過去のことを思い出しても、最終的に前向きな着地をすればいい。

5.

失恋の傷を癒す方法は日常の中に「新しさ」を取り入れていくこと。それによって、記憶の濃度をフラットな状態に戻すことが重要。

Q2

転職を理由に彼から一方的に振られました。私は彼のことが忘れられず、彼のインスタを詮索するようになってしまいました。すると半年後に彼のストーリーに「結婚しました」と書かれた白無垢と袴の写真が記載されているのを見てしまいました。私はそれを見て動揺してしまいました。なんだか嘘をつかれた気分でいます。

（Sさん　31歳・美容師）

――別れて半年で彼が他の人と結婚するというのは、ショックが大きいですよね。転職したというのは嘘だったのですか？

S：転職したのは本当でした。でも転職が別れの本当の理由ではなかったではないかと思います。結婚したい人がいたのであれば正直に言ってほしかったです。

――その結婚相手とはいつから出会っていたかとかは分かるのでしょうか？

S：おそらく私と付き合っていた頃にはすでに出会っているのだと思いますが、実際のところは分かりません。

――なるほど。つまりそうなると、別れの理由が「他に結婚したい人がいるから」であることは確かめられないってことですね。もし仮に「他に結婚したい人がいる」という理由が本当だったとして、彼はなぜそれを隠したと思いますか？

S：なぜでしょう…。よく分かりません。話し合いができる彼だと思っていたのに、正直に言ってくれないというのは、誠実さに欠けるなと思ってしまいました。

――確かにそうかもしれないですね。「正直に言わない＝隠した」というのは、2つの理由が考えられるかなと思いました。一つは相手を傷つけたくないから。もう一つは信頼できなかったから。まず一つ目の「傷つけたくないから」ということについて、Sさんはどう思いますか？

S：傷つけたくないのであればそれは方法が間違っていると思います。むしろ正直に言ってもらったほうが私は傷が浅かったです。本当のことを隠されたという事実の方が私は傷つきます。

——正直に言ってもらうのは一時的に傷つくけれど、気持ちは切り替えやすいですよね。釈然としない気持ちをずっと抱えるよりも、残酷だけどはっきりとした答えをもらえる方が、結果的に人は楽になれるのだと思います。

S：まさにそうです。ずっとなんでなんだろうって考えてしまうのってすごくつらいです。早くこのモヤモヤから解放されたいです。

——一旦彼の立場で考えてみると、本当は「傷つけたくない」のではなく、「傷つきたくない」のだと思うんですよ。「傷つけられるのは振られた側」という認識が一般的ですが、実際は振る方も傷つくんじゃないかと。「相手を傷つけることによって受ける傷」もある気がします。だから結局は「相手を傷つけたくない」っていうのは表面的な理由で、本質は「相手を傷つけることによって自分が傷つきたくない」

のではないかと思っています。

S：言われてみればそうかもしれないですね…。恋愛対象でない人からデートに誘われた時に、気持ちを正直に言わず「忙しい」とか「その日は予定がある」って言う時の心理と似ていますね。

――そういうことです。やっぱり相手が傷つくようなことを伝えるって勇気がいることなんだと思います。ちなみにもう一つの考えられる理由である「信頼できなかったから」についてはどう思いますか？

S：本音を言えるほど信頼できてなかった、ということでしょうか？

――そうですね。要は「本当のことを言っても相手は受け入れてくれないのではないか」と判断されてしまった可能性があるということです。

S：でも私はちゃんと正直に言ってもらえば、「話してくれてありがとう」と伝えられたと思います。

――Sさんは「他に結婚したい人ができたから別れてほしい」と言われて、素直に受け入れることができますか？

「結婚したい人ができたってどういうこと？」「私と付き合っている時に他の女性と会っていたの？」といったようにさまざまな疑問が生まれると思うのですが、そういった疑問を直接聞かずに潔く別れることは難しい気がします。

S：……聞いてしまうと思います。

――ですよね。僕も気になって聞いてしまうと思います。

「他に結婚したい人がいることを隠した」という前提で考えるならば、そういった相手から聞かれる様々な疑問について答えることが面倒くさかった、あるいは説明できるほど整理されてなかった、という見方もできます。しかしあくまでもこれは仮説で、確かめることはできません。可能性の話です。

色々な女性の別れ話を聞いているので分かるのですが、別れ際にしっかりと理由を説明したり、気持ちが冷めたことを伝えたりする男性は少ないです。でもこれは女性にも言える話なんじゃないかと思います。Sさんはこれまでお付き合いした男性に対して自分から別れを告げたことはありますか？

S：あります。

――その時のどんなふうに伝えましたか？

S：確か直近の元彼だと「将来が考えられないから別れたい」と伝えました。喧嘩が多くて、価値観が合わないって思ったので。

――なるほど。その時彼はどんな反応をしましたか？

S：すぐには納得してくれませんでした。「価値観を擦り合わせる努力が足りない」とか「将来のためだけに付き合っているわけじゃないじゃん」と言われました。

——どう思いましたか？

S：私はもうその時別れることを決めていたので、早く分かってほしいって思いました。自分の経験を振り返ってみると確かに別れる時、振る側って少し面倒くさいんだなって気づきました。

——そうですよね。恋愛における別れって、基本的にはもう会わないことを意味していると思うんです。中には友達に戻れるケースもありますが、一度恋愛関係になったもの同士が純粋な友達関係に戻ることは難しいです。そういう点から考えると、もう会わない相手に対しては、なるべく早く穏便に別れ話を済ませたいというのが人間の普遍的な心理ではないでしょうか。その結果、本当のことを話さないようになってしまう。本当のことを少しでも話したら、詳しく追求されてしまうことが分かっているので。それから、別れって、ある種これ以上相手と向き合いたくないって気持ちの表れでもありますよね。別れ際にちゃんと対話できるほど向き合える関係性だったらそもそも別れにならないんじゃないかとも思うんです。だから説明不足になることも多いのではないかと。

S：でもそれって責任感がなくないですか。元々は彼からお付き合いしたいと言ってきてくれたんですけど、自分で付き合いたいって言っておいて、簡単に別れようとするのってあまりにも無責任だなと思います。

——はい、僕もそれは無責任だと思います。付き合うということは、関係性に責任を持つことなので、別れ際には丁寧に説明をするべきだと思っています。ただしこれは理想論で、実際は多くの人がそこまで考えてないようです。

S：確かにそういう誠実な人はあまりいないですね。

——ほどんどの別れは一方的です。どちらも納得し、すっぱり別れられるのは稀だと思います。

S：私はずっとモヤモヤしていました。だから無意味だと分かっていながらも、彼のインスタをずっと見てしまっていました。

——それで後から彼の結婚が明らかになったのですね。

S：はい。その後、私は彼にＬＩＮＥで「結婚おめでとう。あなたの結婚を知って私は傷ついた。幸せを願っています」という内容を伝えました。そしたら、彼から「お前にはもう関係ない。俺の人生に関わろうとするな。ほっとけ。」と怒ったようなメッセージが届きました。私はそのメッセージに驚いたのと同時に、なんでＬＩＮＥを送ってしまったんだろうと反省しました。確かに彼が言うようにもう関係ないですもんね。

——Ｓさんは彼に自分が傷ついていることを知って欲しかったのですよね。

S：はい。そうです。それで彼に少しでも後悔して欲しかったんです。だから「幸せを願っています」なんて言ってしまったのでしょうね。

——それはどういうことですか？

S：「彼の幸せを願っているいい女」であることを示したかったのだと思います。でも本音では彼の幸せなんて願ってないのかもしれないです。彼にそういうふうに見られたかったのだと思います。

――Sさんが今のように素直に自分の本音を認めていくことはすごく大切なことです。本当は彼ともっと付き合っていたかった、別れる時に正直に話してほしかった、私が傷ついていることを知ってほしかった、色々な感情や想いがあると思いますが、そう思ってしまうのは自然だと思います。

S：ありがとうございます。本音を認めていこうと思います。でもなんか人生って不条理ですね…。

――確かにそうですね。全ての関係性はいつか終わりを向かえますし、どれだけ真実を知りたくても知ることができないことはあるし、相手の感情を操作することはできない。まさに不条理です。でも人生が全て自分の思い通りになったら、それはそれでつまらないような気もします。

S：私は思い通りにならないような人生も楽しめるようになりたいです。そのためにはどうすればいいですか？

――結果を目的に人生を生きないことです。結果は誰にもコントロールできませんし予測をしても大抵それは無意味に終わります。また、人生には、ある種の宿命みたいなものが存在していて、それに抗おうとすればするほど足元の地盤がどんどん崩れていくことがあります。でも僕たちは、その結果に辿り着くまでの道のりと、そこに行くまでの歩き方を選択することはできます。結果ではなく、過程を楽しめるかどうかが人生の豊かさを決めていくのだと思います。

S：今思い返すと結果ばかりにこだわっていたような気がします。おっしゃる通り、自分では結果をコントロールできないですもんね。どんな結果であろうと、それを楽しめるような余裕がある人間になりたいと思いました。話を聞いていただいてありがとうございました。

MISHIRU POINT

1.

人間には「相手を傷つけることによって自分が傷つきたくない」という心理がある。

2.

信頼関係ができていないと、本音を言ってもらえなかったりする。

3.

付き合うというのは、関係性に責任を持つこと。

4.

ほとんどの別れは一方的。どちらも合意で納得して別れることは稀である。

5.

恋愛は思い通りにならないことが多い。だからこそ、結果を目的にしない生き方ができることが大切になる。結果は選べないが、過程は選ぶことはできる。

Q3

29歳、シングルマザーです。何か解決を求めているというより、とにかく話を聞いてほしいです。話すのが苦手なので、質問して促したりしてもらえると助かります。現在、再婚も誰かと付き合うことも考えていません。でも付き合っているような関係性の相手がいます。身体の関係もあります。相手は28歳の独身の方で、彼とは知り合って4年くらいの長い付き合いなのですが、先日、友人が彼をマッチングアプリで見つけたらしく、私に教えてくれました。確認してみると「真剣な出会いを探しています」と書かれていました。ちゃんと付き合っていないので、彼がマッチングアプリをするのは自由なのですが、すごく悲しい気持ちになってしまいました…。

Rさん（29歳・美容部員）

——そうなのですね。その後、彼にその悲しい気持ちは伝えましたか？

R：はい。この前会った時に「アプリで見つけてしまった。すごく悲しかった」と伝えました。あと、私たちの関係はもう終わりにした方がいいなって思ったのでそれも伝えました。

――それはアプリをしているからですか？

R：それもあるんですけど、私たちの関係って未来がないんです。彼は結婚願望があるんですけど、私とは結婚をしないって言っていて、やっぱり子供がいる人との結婚は抵抗があるみたいで。だからお互いのために離れるタイミングが来たのかなって思って。

――なるほど。彼はそれを聞いてどんな反応をしていましたか？

R：彼は「ごめんね。アプリを消すね」と言ってくれました。関係を終わりにすることに関しては「それは嫌だ」と言っていました。

――彼はRさんとの関係を続けたいのですね？

R：そうみたいです。やっぱりお互い恋愛感情があるし、理解し合える関係なので、彼にとって私は必要な存在なのだと思います。

――アプリは実際に消したのでしょうか？

R：後で検索してみると、まだアプリ上に彼はいました。見た時すごくショックでした。私が悲しいと伝えたのに、それでもアプリをやめてなくて、私の気持ちは届いてなかったんだなって思いました。

――それはショックでしたね。その後はどうしたんですか？　彼に再び嫌だという気持ちを伝えたりしましたか？

R：いえ、伝えていません。彼がアプリをしたい気持ちがあるのは仕方がないし、私がそこまで強要しても変わらないと思うんです。それに私がそこまで言う権利もないし。悲しいですけどね。

――確かにそうかもしれないですね。

R：でもその代わりにアプリで違う女性になりすまして彼にメッセージを送ってみました。

――それはどういう目的で？

R：うーん、もう私の中では彼と離れる覚悟ができたんですけど、なんか最後にちゃんと本当のことを知ろうと思って、彼の好みの女性を装ってやり取りをしてみました。

――彼からは返信があったのですか？

R：はい。全然バレてなくて、それで私、彼と電話もしたんです。

――それは確実にバレそうですけど…。

R：声や話し方やキャラクターを変えたらバレなかったです。

――Rさんの演技がよほど上手なんですね。あるいは彼が鈍感すぎるか。

R：それで私はあえて遊び人の設定にして、彼から似たような話を引き出そうとしてみました。結果、今まで知らなかったことがそこで明らかになって…他に3人セフレがいたんです。

――セフレがいたんですか。しかも3人も？

R：もう呆れてしまって、でも今まで一緒にいて全く気づかなかったんです。うまく隠してくれていたんだなって思いました。それで詳しく聞いてみると、その女性たちの中では私が一番お気に入りで一番可愛いって言っていて、でも子供がいるから付き合わないし結婚もしないって。

——それらの真実を知ってどう思いましたか？　知らなければ良かったなって思ったり、彼に対する怒りが込み上げてきたりとかはなかったですか？

R：うーん、怒りとかはなくて、なんか不思議とスッキリしている自分もいて、現実を知れて良かったなって思いました。

——そうなんですね。なりすましをしたのは、Rさんにとって、大きな覚悟を持った行動なんじゃないかと思います。現実を知ろうとするのは勇気がいりますからね。

R：そうですか？　私誰がみてもやばい女じゃないですか。まさかそんなふうに言ってもらえるなんて思ってなかったです。

——でもRさんはその行動の異常性をすでに理解した上で行ったわけだし、本当はそんなことをしたくなかったとも思うんです。

R：はい…。でも、やっぱり好きな人だからこそちゃんと知らないといけないって思ったんです。

――嘘つかれて、他にセフレが3人もいて、好きな人って言えるのがすごいです。なぜそう言えるのですか？

R：確かに彼がしていることはよくないと思うけれど、私は彼によって救われたことがたくさんあったんです。私が離婚して間もない精神的にすごくきつかった頃に、誰よりも寄り添ってくれました。彼以外の友人たちは「大丈夫だよ」「別れて正解だよ」と言ってくれたんですけど、私にはそれがすごく冷たく無責任な言葉に感じられました。でも彼は「Rはどう思っている？」「今どういう気持ち？」と毎回私の考えや気持ちを聞いてくれて、尊重してくれました。私は彼のその優しさで自分の意思や感情を取り戻すことができたし、つらかった時期を乗り越えることができました。今でもすごく感謝しています。他にもたくさん助けてくれたことがあって、私も彼の支えになりたいと思えました。一緒に過ごした時間はいつも穏やかで楽しかったし、嫌な思い出は全くありません。

――そうだったんですね。とてもいい関係性を築いてこられたことが伝わります。

R：そんなふうに言ってもらえて嬉しいです。

――今のRさんの話を聞いて思ったんですけど、好きというのは、ある種「その人から与えられた変化が好き」と捉えられますね。彼によって救われたこと、彼によって生まれた感情や気づき、彼と一緒に過ごした時間や共有した経験、それらを肯定できることが相手を好きな気持ちの本質なのかもしれないです。よく好きの定義として「その人といるときの自分が好き」みたいなことが挙げられると思うのですが、それは「その人といる時の自分の感情や状態が好き」ということですよね。そのようなことを経験できたことはとても素晴らしいことだと思います。

R：そうですかね…。私、彼のことを女友達とかに話すと、「絶対にやめた方がいいよ」っていうふうに言われることが多くて。「付き合ってないのにエッチするのはおかしいよ」とか「都合よく扱われているだけじゃない?」って。でも、少なくとも私は彼との関係を望んでいたわけで、責任を持って関わっていたつもりです。だから今ミシルさんに、それを肯定してもらった気がして嬉しいです。

——そんなふうに友達に恋愛の話をしたときに否定されてしまい、それによって苦しんでいる方は多いです。でもその恋愛の正しさを決めるのは、他者ではなく本人たちですよね。でも人は、他人の恋愛についてジャッジしたがります。自分が正しい側にいると思い込み、安心したいんですよね。

R:そうですね、私の伝え方にも問題はあったと思うのですが、今まで彼と関わってきて、嫌なことをされたことがほとんどないんです。確かに今回はアプリのことで嘘をつかれたけど、彼は自分の気持ちには嘘をついたことはなくて、思ってもないことは絶対に言わないし、できない約束は絶対にしない人でした。だからすごく信頼できたし、居心地が良かったです。

——それはとても大切なことですね。僕は、嘘には「事実の嘘」と「感情の嘘」の2

種類があると思っています。事実の嘘は、場合によっては必要なことがあるのかもしれません。でも感情の嘘に関しては、不信感やコミュニケーションの破綻につながります。例えば、好きじゃないのに好きと言ったり、良いと思ってないのに良いと言ったり、嫌なのに我慢をしてそうじゃないフリをしたり、そういったことです。しかもそれって本人は無意識に行っていたりするから深刻なんです。彼はそういう「感情の嘘」を言わない人だったんですね。

R：そうですね。そういうところも誠実だなと思っていました。

――これから彼とはどうしようと思っていますか？

R：離れようと思っています。私たちの関係性は先がないし、彼は私と一緒にいることの都合の良さや居心地の良さに甘えてしまって、他の女性と真剣に向き合えない気がします。彼はちゃんと結婚もしたいって言っていたし、やっぱり私といない方がいいと思います。なんか綺麗事で偉そうで傲慢なんですが、彼を他の人にとって不誠実な人にしたくないんです。

——そうなのですね。

R：でも、本音を言うと、もっと一緒にいたかったです。できたら特別な関係にもなりたかったなあって思います。

——Rさんの言う特別な関係って何ですか？　最初の方で付き合うことや再婚は考えてないとおっしゃっていたと思うのですが。

R：私自身もよく分かってないです。結婚とか付き合うとかそういう形にはこだわってはいないんですけど、もっと素直に好きと言い合えたり、他の人にも紹介できたりする関係になりたかったのかなと思います。私たちは特別な関係なんだっていう絶対的な安心感が欲しかったのかな。

——お互いの気持ちを伝え合うことはなかったのですか？

R：伝え合ってなかったですね。でもミシルさんと話しながら、改めて彼のことが好きなんだなって分かって、もっと気持ちを伝えてもよかったのかなと思いました。多分、私が付き合うことを求めてないって言っていたのは、相手と深くつながる自信がなかったというか、ちゃんと向き合うのが怖かったのかもしれないです。離婚とか色々なことを経験して、期待しないこととか、傷つかないように予防線を張ることばかり上手くなっていて、自分の素直な感情に目を向けることから逃げていたような気がします。それから今考えると、なりすましをしたのは彼のことを嫌いになりたかったのかもしれないなって。自分の感情を自分で操作するみたいな感じです。でもやっぱり彼のことは嫌いにはなれなかったです。自分の気持ちに嘘をつくのは諦めました。

――離れる決意をしつつ、その相手を好きだと認めることってすごく難しいし、勇気がいることだと思います。「彼のことが嫌いだから離れる」と考えた方が、きっと楽だし納得もできます。でもそれをしたらRさんが言うように自分の気持ちに嘘をつくことになる。それで一時的に楽になったとしても、ずっと消化しきれない思いが残り続けますよね。

R：そうですね。でもこんな彼なのになのにまだ好きなのって執着じゃないんですかね……。

――何が執着かどうかはすごく難しいですが、執着、いわゆる不健全な感情ではないと思うんです。もはやそれは執着というより愛に近いのかなと。好きとか恋とかって、基本的に「～だから好き」なんですよ。これはある種の条件肯定です。でも愛って「～だったとしても好き」なんですよね。つまり無条件肯定なんです。Rさんの好きって無条件じゃないですか？　彼が何をしていようと、どんな人であろうと、関係なく好きでいられる。しかも、Rさんは離れようとしていますよね。もしもこれが執着だったら、現実を直視できなかったし、離れられないとも思うんです。愛しているから、相手のことやお互いのことを考え、自分を律することができる。これは中々できないし、執着とは言えないじゃないかと。

R：そう言ってもらえると自信になります。私はこの恋愛を認められるようにこれから生きていきたいと思います。話を聞いてくださってありがとうございました。

MISHIRU POINT

1.

一つの解釈として、好きとは「その人から与えられた変化や感情」を肯定できることを指す。

2.

人は他人の恋愛をジャッジしたがるが、それに振り回される必要はない。正しさを決めるのは本人たち。

3.

自分の感情に嘘をつく人とは信頼関係を築くことはできない。

4.

恋は「〜だから好き」という条件肯定。愛は「〜だったとしても好き」という無条件肯定。

5.

執着の場合は、自分を律することができない。一方で、相手のことを愛している場合は、人は自分自身を律することができる。

結婚

MARRIAGE

人は誰しも大人になったら、自動的に結婚ができるものだと、小学生くらいの時の僕は、なんとなくそう考えていました。しかし実際に歳を重ねてみると、それが何も知らなかった時代のおめでたい幻想だったことに気づきます。

あるいはそれは時代の大きな変化だったのかもしれません。かつては多くの人が正社員で経済的な不安がなかったり、職場結婚やお見合い結婚などの出会いの容易性が担保されていたりと、今と比べて結婚しやすかったのだと思います。

一方で現代は経済不況になったり、ＳＮＳの登場で「結婚のデメリット」が可視化されたり、一人で十分に満たせる娯楽が増えたり、そういった様々な要因により、未婚が増えているのだと考えられます。

そのような「結婚をしない・できない」という未婚化の問題と、もう一つ別の軸として存在している問題が離婚率の高さです。日本では毎年20万ほどの夫婦が離婚しているようです。好きな人と出会って一生の愛を誓って結婚するのにもかかわらず、なぜこれほど多くの人が離婚をしてしまうのか、いささか疑問ではあります。

あるいは結婚という仕組み自体にそもそも無理があるのかもしれません。いわば結婚というのは、愛情の交換、信頼構築、性的満足、育児、家事、金銭の共有など、それらを同じ二人の中で担おうとする営みだからです。結果、その不可能性に気づいた者たちが不倫に走ったり、離婚に至ったりする。冷え切った関係のまま割り切って関係を続ける仮面夫婦もいます。

したがって僕たちは今すぐ結婚というものに絶望して諦めた方がいいのか。

それは少し極端な発想なのかもしれません。必要なのは全てを諦めることではなく、結婚に対する凝り固まった観念を見直そうとする柔軟な態度なのだと思います。

多くの人は、付き合うこと、いわば恋愛を経験し、その延長として結婚に向かおうとします。これはいわゆる「ロマンティック・ラブ・イデオロギー」という18世紀ごろにヨーロッパ社会で生まれた、恋愛と結婚をセットとして捉える概念によるものです。この概念は日本において今では常識的となり、多くの人は当然のように「結婚には恋愛が必要だ」と信じているようです。

しかし結婚において本当に恋愛が必要なのでしょうか。もしそれが僕たちの結婚を困難にしているのであれば、少し発想を改めてみてもいいかもしれません。

結婚式では牧師さんが次のように誓いの言葉を読み上げます。

「病める時も健やかなる時も、貧しい時も富める時も」

この言葉から発展させて考えると、結婚とは、相手が病気になっても身体が不自由になっても金銭的に貧しくなっても、それでも互いに支え合うことなのかもしれません。恋愛が幸福を最大化させるものだとしたら、結婚は不幸を最小化するものでしょう。

思うに結婚とは、極めて現実的な、実生活に根差す営みです。そしてこの結婚という現実的なシステムと恋愛のロマンスは水と油のように相容れない部分があると思います。なぜならロマンスは良くも悪くも現実逃避の側面が強いからです。普段色々な方から恋愛相談を受けているとしみじみ思います。

ただし、僕は「結婚に恋愛を持ち込まない方がいい」と主張しているのではありません。

ロマンティックな幸福を求める精神を結婚に持ち込むと、途端に難易度が跳ね上がるということです。つまり覚悟や技術が必要となってくる。

しかし、その難解さが結婚の面白さでもあるのかもしれません。二人の関係の強度や実力が試されるからです。恋愛を持ち込む難解な道を選ぶのか、恋愛を求めない安定な道を選ぶのか、それぞれが人生で求めるものによって結婚への進み方は変わりそうです。

無責任につらつらと結婚に関して述べてきましたが、僕は結婚する選択も結婚しない選択も、どちらも尊重したいです。それは本人の自由であり、周りの意見に流される必要はありません。

僕と相談者との対話から、結婚についての明確な答えが得られるかは分かりません。もしかしたらさらに迷うことになるかもしれません。でも自分の人生の問題なのだから、少しくらい迷ってもいいし、改めて結婚観について考えてもいいのではないでしょうか。

Q1

自分は結婚するべきなのだろうかという将来に対する漠然とした不安があります。友達とかのSNSを見ていると、みんな結婚をし始めていて、子供の写真をあげたりしていて羨ましいなと思ってしまいます。

Eさん（31歳・看護師）

――結婚に対する羨ましいなあという気持ちと、いざ自分が本当に結婚したいかどうかって少し違いますよね。すごく難しい問題だなと思います。

E：そうなんですよね。結婚に対する羨ましさは確かにあるんですけど、自分が結婚するイメージは全然わかないです。例えば結婚したら基本的に子供を持つことが多いじゃないですか。でも私は子供に対してお金を使いたいという気持ちは今のところないんです。まだまだ自分のためにお金を使いたいし、やりたいこともあります。自分のためにまだ人生を全うできてないのに、子供とか家族のために生きられるのかなって感じです。でも周りは結婚をし始めていて、インスタを見ても結婚の報告や子供の写真を目にすることが多くて、揺らいでしまうというか、やっぱり結婚することって幸せなのかなとか、独身は不幸なのかなとか、そういうことを考えてしまうんですよね。親とか周りも「結婚しないの？」ってうるさいじゃないですか。

——そうですね。「結婚は幸せ」「独身は不幸」という二項対立的な価値観や風潮って社会が作り出した側面が強いと思うんですよ。例えば結婚式という仕組みはそれを象徴しています。僕たちは好きな異性と結ばれることが幸せだと思っていて、結婚式という場によって、大々的に祝福をします。つまりそれは、好きな異性と結ばれることは、その当人たちにとってだけではなく、世界一般的にもそれは幸せである、という価値観が前提としてあります。この祝福の前提は、好きな異性と結ばれていない人たちは不幸であるという意味を必然的に作り出してしまいます。「結婚は幸せ」という価値観を伝播させれば、焦って結婚しようとする人が増えます。そうすればブライダル業界やジュエリー業界、結婚相談所の仕事は儲かるし、子供ができれば子供用品は売れる、みたいな感じで経済が潤います。社会や経済の合理性を追求するために「結婚はするべき」とか「結婚は幸せ」という価値観が必要になってくるのだと思います。そういった社会的な価値観の中で僕たちは生きていますが、それと個人的な価値観を混合しないことが大切ですよね。つまり考えるべきことはEさんにとって結婚はどんな意味があり、どんなメリットがあるかってことですね。

E：私にとっての結婚の意味やメリットは考えたことがなかったです。単に羨ましさばかり先行していましたね。

――おそらくその羨ましさというのは、自分も結婚して夫婦生活や子育てをしたいという具体的な願望ではなく、「みんながそうしているから自分もその輪の中に入りたい」という同調性や疎外感によって生まれる漠然とした願望に過ぎないのではないかと思います。そのような外部の圧力によって結婚したとしても、おそらく納得感や充足感は得にくいですよね。

E：確かにそうですね。その二つをまず切り離して考えた方が良さそうです。でもインスタを見ているとは本当にみんな幸せそうだなあって思ってしまうんですよ。

――すごく分かります。でもインスタで幸せそうに見える人が必ずしも幸せであるとは限らないし、おそらく中には「幸せであるように見られたい」と思って投稿している人もいるはずです。もちろんインスタに載せられているものが全て見せかけの幸せだとは思わないのですが、「載せなかったもの」「載せる必要がなかったもの」にも幸せってたくさんあるじゃないですか。しかもそれはありふれたものであったり、ささやかなものであったりしますよね。幸せってもっと自己完結的で、閉ざされた世界の中に存在しているような気がするんです。

E：言われてみれば、そうかもしれないです。すごく仲がいい友達がいるんですが、前に二人で海外旅行をした時、SNSなどの存在を忘れてその時間に没頭していました。そこにあるのは私たちだけの限定された幸せな世界で、外部の存在を完全に忘れていましたね。SNSに載せたら映える写真はたくさんありましたが、なんか海外旅行ですごく楽しかった時間って、どこに行ったかとか、何を見たか、という誰もが素敵だと思うような分かりやすいものより、その友達とくだらない話で笑っていた瞬間だったかもしれないです。海外旅行みたいな非日常体験は確かに刺激的で楽しいけど、その中でふと訪れるささやかな日常的なやりとりの方が案外思い出として残っていたりしますね。ミシルさんがおっしゃるようにインスタには載せなかったものなのかもしれないですね。

——その感覚が幸福の一つの実態だと思います。例えば、幸せなエピソードとかを仲良い人とか信頼できる友人に直接話をするのは分かるんですけど、見知らぬ外部の人にも幸せな様子を公開するのって承認欲求を満たす側面が強いですよね。ただ現代はそういうのも一つのコンテンツとして機能するし、それを仕事にしている人もいるので一概に悪いものだとは思わないのですが、一つ言えるのは、僕たちは気づかぬ間に「周りから幸せに思われることが幸せ」みたいな価値観に縛られているということです。その価値観を作り出し加速させた代表的なSNSがインスタですよね。

したがって、SNSで見えるその人の生活と実際の生活は異なるということを理解する必要があります。SNSを見ていると自分以外の全ての人が幸せに満ちていて、常に煌びやかな生活を送っているような錯覚に陥ってしまいがちですが、僕たちが見ているのは美しい断片の一つに過ぎません。みんなそうですけど、裏側には苦悩や闇や困難を抱えています。それを人に見せないようにしているだけで。

E：そうですよね。なんかミシルさんと話していて私すごくSNSに振り回されていることに気づきました。こういう人って多いのでしょうか？

――すごく多いですね。相談者の中でEさんみたいに他人の生活や生き方と自分を比較して苦しくなっている人は多いですし、あとは色々な情報があって結局何を信じたらいいのか分からなくなって迷っている人も多いです。だから僕はそういう人に対してはSNSはなるべくしない方がいいと言っています。SNSで仕事をいただいている僕が言うのは変ですけどね。

E：私は多分SNSは向いてないかもしれないです…。

――現在はどんな使い方をされているのですか？

Ｅ：基本見る専なんですよ。最近は恋愛系のコンテンツを漁っていました。見始めるとあっという間に時間が過ぎていることが多くて。だからと言ってすごくその時間が有意義かと言うとそんなことはないんです。あとは一人で行ったラーメンの写真とかをあげています。そんな感じの使い方をしているので、最近会った結婚した友達から「Ｅのインスタを見ていると安心するんだよね」と言われてしまいました。

――なんかそれ嫌ですね。Ｅさんはどう思いましたか？

Ｅ：私もすごく違和感を覚えてしまったんです。話していても近頃の子育ての話とか結婚してよかった話とかをずっと一方的にされてしまって、私の話は一切できなかったんですよ。最終的に一番つらかったのが「Ｅも早く結婚できるといいね」という言葉です。彼女に悪意はないと思うんですけどね。

――コミュニケーションってお互いが共有できることが前提に行われるものだと思うんですよ。未婚の人に対して、共有できない結婚や子育ての話を一方的に長々と語るのはあまりにも配慮に欠けているなと感じました。それから、Eさんがおっしゃるように彼女には悪意はないと思うのですが、「早く結婚できるといいね」という言葉が、その時、強い暴力として働いてしまっていますよね。その彼女にとっての個人的な幸せを「一般的な幸せ」のように伝えてしまったせいで、「その一般的な幸せに含まれていない人」という区別を作ってしまっています。Eさんのつらさはそこから来ているのだろうなと僕には感じました。

E：まさにそんな感じです。ミシルさんにそのように代弁していただけて少しだけ救われました。その友達と距離を置きたいって思ってしまった自分って器が小さいのかなってずっとモヤモヤしていたんです。

――全然そんなことないですよ。むしろ距離を置くべき存在だと思います。そういう人と会うと自分が消費されている感じがしますよね。ただ、今の話ってスルーできない部分だなって僕は思っていて、周りが結婚し出していくと、その中で展開される話題はどうしても夫婦生活のこととか子育てのことになりがちですよね。だから結婚をしないデメリットとしては友人との会話において心理的な疎外感が発生しやすくなるというのがあると思います。

E：確かにそれはありますよね。ミシルさんは結婚推奨派ですか？　結婚に対する考えをお聞きしたいです。

——僕は推奨派でも否定派でもありませんね。というのも、結婚そのものは幸せに大きく影響しないからです。結婚してもしなくても幸せになれます。むしろ焦りや不安から下手に結婚するとかえって不幸になるというケースが多いので、不幸な結婚をするくらいなら、生涯独身の方がいいのかもしれません。重要なのは、結婚に幸せを委ねない生き方ができるかどうかだと思います。結婚って一人でも幸せになれる者同士がするから幸せになれるんですよ。結婚に全賭けするみたいな生き方ってものすごく危険じゃないですか。

E：ああ、それ私が言いたかったことです。結婚する友人が増えてきてそういう本質を見失っていました。確かに結婚していてもつらそうにしている人もいるし、一概に結婚だけが幸せルートだとは限らないですよね。もし仮に結婚しない人生になったとして、それでも幸福に生きていくためには何が必要なんですかね。

——何が幸福かは個人の価値観によるので明確な一般化はできないのですが、僕は3つのことが必要だと思っています。それは「貢献感や自己重要感を満たすこと」「居場所やつながりを持つこと」「生産的な趣味を持つこと」です。少し説明が長くなるのですがよろしいでしょうか。

E：はい、お願いします。

——一つ目の「貢献感や自己重要感を満たすこと」ですが、人間は結局のところ社会的な生き物であり、社会の中で何らかの存在意義を見出したり、何かに貢献したりすることによって、楽しく健全に生きていくことができます。独身者の場合は、この貢献感を得る主な場所が仕事になります。独身であっても、一生続けたいと思える天職についていれば貢献感や自己重要感を満たすことができます。また、起業をしたりフリーランスで働いたりすることも独身生活と非常に相性がいいです。もしも仕事を通して自己重要感を満たすことが難しいのであれば、仕事以外の場所での活動が必要です。

それが二つ目の「居場所やつながりを持つこと」につながってくるのですが、先ほども言ったように、一定年齢以上になると周りの友人や知人の多くが結婚していくので、以前のような頻度で会えなくなります。また、夫婦生活や子育てなど、話題や関心の違いによる心理的な疎外感が発生しやすいので、独身者でも安心して楽しめる居心地の良いつながりが必要となっています。例えば、ゴルフやテニスなどのスポーツサークルや一緒に推し活やオタ活ができる仲間などです。非営利のボランティア団体や地域のコミュニティでもいいと思います。僕もSNSを活用してコミュニティに近いものを運営していますが、SNSも使い方次第では自分にとって必要な居場所を見つける手段になり得ます。そのためには、自分がどんな人間でどんな価値観や感性を持っているのか、どんな人と繋がりたいのかを明確にしておくといいです。SNSは文章や写真や作品などが載せられているので、いきなり現実世界で会うよりも、相手の人間性を把握しやすいです。特に僕は文章や言葉の違和感はすごく信憑性があると思っていて、相手の文章のリズムや言葉の使い方に違和感や不快感などを覚えたなら、かなりの確率で相性が悪いです。逆に文章や言葉が好きだと思ったのであれば、会っても相性がいいと思います。そんな感じでSNSを活用してつながりを作っておくことも効果的です。三つ目の「生産的な趣味を持つこと」ですが、なぜ〝生産的〟と表現したかというと、消費的な趣味には限界があるからです。消費的な趣味というのは、映画やドラマやアニメやYouTubeなどを鑑賞すること、ゲーム、読書、などです。消費的な趣味は気軽にできて楽しいですが、あくまで消費であるため、一時的に疎外感をごまかすことができても継続的に充足感を得ることが困難です。一方で生産的な趣味というのは、絵を描く、文章や詩を書く、作曲や動画作成、ハンドメイド、写真、DIYなどです。今までの経験を活かして発信活動やビジネスをするのも生産的な趣味の一つとも言えます。これらは、自分がやった行動が形として残り続け、自身の成長や向上の実感を得やすいので、それが楽しさや達成感をもたらします。また、それらが誰かの役に立ったりすることもあり、それにより自己重要感や貢献感を満たすことができます。以上の3つが結婚しない人生でも幸福に生きていくために必要な要素であると僕は考えています。

E：ありがとうございます。改めて自分の人生を見直すためのヒントがたくさんあったなと思いました。確かにそれらの3つができれば独身でも楽しめそうですね。

——はい、そして先ほど挙げた要素を自分の人生に取り入れ、自立的で充実した生活を送ることができていれば、当然結婚もしやすくなります。現代の日本人男性は経済的にも精神的にも余裕がない人が多いなと感じています。そうなると当然、結婚という決断は彼らにとって負担になり、難易度が高かったりします。特に相手の女性が結婚への期待感が大きい場合は、「俺は本当にこの人を幸せにできるのだろうか」という不安や重責感を感じると思います。しかし女性が「私はすでに幸せで余裕があるから私と結婚すればもっと幸せになるよ」的なマインドでいれば、相手の男性の結婚に対するハードルも低くなるでしょう。

E：なるほど。結婚するにしてもしないにしてもやるべきことは本質的には変わらないということですね。どちらの人生も選べられるような自立した女性になりたいと思いました。ありがとうございました。

MISHIRU POINT

1.

「結婚は幸せ」「独身は不幸」という社会的な価値観と個人的な価値観を混合しないことが大切。

2.

「みんながそうしているから自分もその輪の中に入りたい」という同調性や疎外感から生まれる漠然とした焦燥感を結婚願望と錯覚している場合が多い。

3.

僕たちは気づかぬ間に「周りから幸せに思われることが幸せ」という価値観に縛られている。

4.

結婚は、一人でも幸せになれる者同士がするから幸せになれる。

5.

独身者でも幸せでいるために必要な要素は「貢献感や自己重要感を満たすこと」「居場所やつながりを持つこと」「生産的な趣味を持つこと」。

Q2

現在2年くらいお付き合いしている彼氏がいます。その人と結婚を考えているのですが、「そろそろ結婚どう?」と聞いても微妙な反応しか返ってきません。男性が結婚に踏み切れない理由について教えていただいたいです。

Oさん(33歳・会社員)

——男性が結婚に踏み切れない理由は大きく分けて3つあります。一つは「結婚に縛られたくなくて自由でいたい」という理由です。これは結婚するメリットがいまいち分からないとか、まだ家庭に縛られずやりたいことがあるといったことも背景にあると思います。彼にとって今の関係性から発展させる理由やメリットが不明瞭なのかもしれません。あるいは「面倒くさい」という漠然とした感覚や、強い責任意識からくる慎重さもあるとも考えられます。

二つ目は、「自分にはもっとふさわしいパートナーがいるんじゃないか」「もっといろんな人と遊んだり付き合ったりしてから決めたい」と思っている可能性です。これは、「結婚したいと思えるほど好きな人が現時点ではいない」と解釈することもできます。また、外交性が高くモテる男性は必然的に付き合える相手の選択肢が多いので、そういった理由で「もっと理想の人がいるかもしれない」と迷ってしまう傾向があります。

三つ目は、結婚生活を送るほどの経済力がないという理由です。例えばまだ仕事が安定していなかったり、貯金額が少なかったりすると、どうしても「結婚どころではない」と思ってしまいますよね。

0：今挙げていただいた理由だと、二つ目は違うかなと思いました。彼は大人しめで口下手で、人との関わりや恋愛を積極的に求めるタイプではないし、どちらかと言うと、属性としてはモテないタイプの男性な気がします。三つ目もそこまで関係ないと思っています。彼の仕事は収入が安定しているし、散財をするタイプではないので貯金もそれなりにあるはずです。

――なるほど。そうなると一つ目の「結婚に縛られたくなくて自由でいたい」というのが理由として一番近そうですか？

O：そうですね。そう言えば、結婚の話を持ちかけたときに「責任を持てる自信がない」と言っていました。

——そうなると彼の中で少なからず結婚に対しての責任意識があるということですよね。これは結婚の難しさや大変さを理解しているという解釈もできますよね。

O：確かにそれはありそうです。あと彼は自ら決断をすることが苦手なタイプだと思っていて、付き合う前も、デートを何度も重ねたのですが、彼から肝心な言葉はなかなか出てこなくて、結局最後は私から告白して付き合いました。

——それはすごい勇気ですね。断られる不安とかはなかったのですか？

O：あんまりそういうことを考えてなかったですね。私が好きで付き合いたいから告白した、みたいな感じです。仮に断られたとしてもそれは仕方ないですし。でも今思えば、直接的な言葉はなかったのですが、なんか私に好意があるなっていうのは何となく感じていました。

——そうなのですね。それはどんな部分から感じていたんですか？

O：難しいですね。すごく感覚的な部分です。彼の私を見る優しい眼差しとか一緒にいる時の楽しそうな態度とかで伝わりました。

——それいいですね。僕もそれに近いことを普段カウンセリングで伝えることがあります。好意や愛情は「具体的に何かをしてくれるか」という分かりやすい指標で判断できるものではなく、むしろそれは、言語で表現することが困難なもので、感覚的・体感的に感受するものだと思います。特に眼差しとかは繊細に感じ取れますよね。

O：そうですね。だから今も私に対する愛情がないとかは思ってなくて、だからなんで結婚には抵抗を示すんだろうっていうのが気になって相談しようと思ったんです。そんなに深刻な悩みではないいんですけど、もっと彼との関係を良くしていきたいっていうのもあって。

――なるほど。では話を戻しますが、彼が「責任を持てる自信がない」と言っていた背景には何があると考えられますか？

０：もしかしたら彼の家庭環境に原因があるのかもしれません。確か彼は両親が離婚していて、もしも両親の不仲や冷え切った関係性を間近で見てきたとしたら、結婚に対してマイナスのイメージを持っていたり慎重になっていたりすることも考えられますね。

――それは関係しているかもしれないですね。そういったことはあまり彼と深く話したりはしていませんか？

０：あんまり話してこなかったですね。そういったことも話し合ったほうがいいのでしょうか？

──無理に聞き出す必要はありませんが、タイミングや状況を見てそういう話題について話してもいいかもしれないですね。例えば「結婚についてどんなイメージ持っている？」と聞いてみて、返ってきた答えについて理由を深掘りしてみるとかです。

O：確かにそれだったらできそうです。やってみたいと思います。

──あとこれはOさん次第の話なのですが、「そもそも彼に責任を持ってもらうことを求めない」という覚悟や諦念も必要なのかもしれません。色々な方の話を聞いていると、男性には「彼女を幸せにしなければならない」「支えなければならない」みたいなプレッシャーを感じていたり、両家顔合わせや結婚式の件に煩わしさを感じていたりする人が多いみたいです。それらに関する彼の率直な思いを聞いた上で、例えば「私の方で進められるところは進めるし、あなたは何もしなくてもいいよ」といったことをもしも伝えられたら、彼の心理的な負担感を減らすことになるのかなと思います。そこまでしたいと思える相手かどうかが問われるのですが。

O：そうですね。彼と結婚したいと思ったのは私の方なので、私が責任や負担を多めに持つことは必要だなと思います。

――すごいですね。まさかこの提案がそんなにすぐ受け入れられると思っていなかったのでびっくりしました。

O：以前、彼から結婚の意思があまり感じられなくて、別れて他の人を探そうかなと頭をよぎったこともあるのですが、やっぱり彼がいいなって思ったんです。

――そうなのですね。改めて彼がいいなって思った理由はありますか？

O：上手く言えないんですけど、彼の存在が好きなんですよね。かつての恋愛でそんなふうに思ったことがなくて、今までだと「一緒にいて楽しくて話も面白いから好き」とか「たくさん尽くしてくれるから好き」みたいな感じの理由だったんですよ。でもそれってその人自身が好きかと言われたら分からないなって後から気づいたんです。そういう恋愛の時って心がザワザワしている感覚もあって、多分ですけど、相手から与えられることに依存していたんだと思います。だから少しでも彼から与えられなくなると急に不安になるんですよね。その人が好きなんじゃなくてその人から与えられたものが好きだったんだなって。相手のことを見ようとする姿勢が私に足りなかったと反省しました。でも彼と出会って付き合ってから、私はその人自身のことが好きなんだなって思えるようになりました。だからやっぱり私には彼が相応しいんだなって思うんですよね。

――「その人自身が好きかどうか」が「存在が好き」につながるのですね。すごく納得しました。以前の恋愛では心がザワザワして不安だったということですが、今回は全く不安がないってことですか？

O：そうですね、安心できます。彼は嬉しいことがあった時とかに目を輝かせて少年みたいに私に話してくれる時があるんです。そういう時になんか愛おしく感じるというか、安心できるなって。私に話したいんだなって伝わるんですよ。他の人といるときの彼も知っているんですけど、やっぱり基本的に彼は無口で聞き役なんですよ。だからあまり人に見せない姿を私に見せてくれているなって思って嬉しくなります。

――今Oさんがおっしゃった「私に話したいんだな」って感覚、すごく大事だなって思いました。コミュニケーションにおいて大事なことって、相手がそこに存在するべき必然性を与えることだと思うんですよ。それはつまり「相手は今、他の誰でもなくこの私自身に対峙している」という感覚です。

O：まさにそんな感じです。私も最近そういう感覚が分かってきて、なんか一緒にいるのに孤独を感じる時ってあるじゃないですか。「この時間って別に私じゃなくてもいいんだろうな」っていう時です。彼といる時はそういうのはないんですよね。

――そうなんですね。それはすごく理想的な関係だと思います。
ちなみにOさんは、彼と仮に結婚をしなかったとしても、これから先も一緒にいたいですか？

O：一緒にいたいですね。

――即答ですね。

O：はい。なんか今そう思えました。

――それって彼に伝えたことありますか？

O：伝えてないです。

――伝えるといいと思います。それぐらいの想いと覚悟があるってことじゃないですか。僕が大事な人に言われたらすごく嬉しいですけどね。

O：確かにそうですね。伝えてもいいんですね。

――自分の真剣な想いを伝えた時に、その言葉をどう受け取ってくれるか、どう向き合ってくれるかを知りたいですね。結婚するかどうかよりも、そっちの方が二人の関係においては大事なのかもしれません。

O：そうですね。確かに結婚はできればいいけど、この先の関係性よりも今の彼との関係で何ができるか、何をしたいと思えるか、が考えるべきことなのかなって思いました。なんか彼に早く伝えたくなってきました。

――いいですね。関係が長続きするかどうか、結婚できるかどうか、結婚して生涯をともに過ごせるかどうか、その結末は不確実で不透明で、現時点で操作できるものではありません。でも今の彼との向き合い方が、未来の関係性の在り方を決定していくことは確かです。今だからこそ届けられるものや今だからこそ感じられるものを互いに大切にできる関係性を築けるといいですね。

MISHIRU POINT

1.

男性が結婚に踏み切れない主要な理由は「結婚に縛られたくなくて自由でいたい」「結婚したいほどの気持ちがない」「結婚生活を送るほどの経済力がない」。

2.

「結婚についてどんなイメージ持っているか」を聞いてみて、返ってきた答えについて理由を深掘りしてみると相手の結婚観を引き出すことができる。

3.

「仮に結婚をしなかったとしても、これから先も一緒にいたいかどうか」を考えることによって、その関係に対する向き合い方や覚悟の大きさが分かる。

関係が長続きするかどうか、結婚できるかどうか、結婚して生涯をともに過ごせるかどうか、その結末は不確実で不透明で、操作できない。今の彼とどのように向き合っていくかが未来を決定づける。

恋人との関係性

RELATIONSHIP

僕のカウンセリングの中で最も多いのが失恋の相談で、その次に多いのが恋人との関係性ついての相談です。

特に女性の場合は、付き合う前の段階で悩むことはそこまでなく、付き合ってから問題が顕在化したり、恋人とのすれ違いが起きたりすることが多いようです。

これは付き合う前と付き合った後の男女の性質やスタンスの違いが代表的な要因として考えられます。

男性はどちらかというと、「自分の彼女にしたい」という獲得意識や独占欲が強い傾向があり、付き合う前といった初期段階においては、恋愛感情が急激に上昇し、自分を良く見せるための行動や愛情表現を積極的に行います。そして付き合う前に恋愛感情は最大値に到達し、付き合ってからは徐々に減少していき、やがて横ばいになり安定期に入る、というのが多くのパターンです。

一方で女性は、序盤ではさほど恋愛感情は上がりません。付き合う直前も男性ほどの熱量は持ち合わせておらず、付き合ってから徐々に恋愛感情が本格的に上昇していきます。その時、男性は「付き合えた」というある種の達成感を得るので、付き合う前ほどの熱量を表現しようとしなくなります。

ここでの男性の以前と変わった様子を「冷めた」と認識するのか「安定」と認識するかによって、その後の関係性の状態は変わってきます。「安定」と認識した場合は、その後の関係性に大きな影響を与えないのですが、「冷めた」という認識をした場合、女性は「前はあれだけしてくれたのにしてくれなかった」というある種の喪失感を経験するので、その欠落部分を補完しようとして、不満を伝えたり、見返り目的で過剰な愛情表現や尽くし行動をしたりしてしまいます。

それを受けた男性は「重い」「面倒くさい」「そんな人だとは思わなかった」などとい

う感想や不満を持ち、あるいは発言し、距離を置こうとしたり愛情が下がったりしていきます。いわゆる「クズ男」ほどこの性質が顕著に表れます。

そのように男性の反応が悪くなっていくにつれて女性側の不安は膨張していき、ひどい場合はその感情をぶつけてしまうことで相手に嫌われ、そのショックや不安を解消するためにさらに感情をぶつけ、さらに嫌われるという悪循環に陥ります。

そのような状況が繰り返されると男性の恋愛感情は完全に冷え切り、多くの場合は別れに至ります。

要約すると「男は最初の印象だけで女を好きだと思い込みすぎている」「女は最初の男の姿を本質だと思い込みすぎている」といった傾向があると考えられます。

つまり女性は初期の男性の恋愛感情の盛り上がりをあまり当てにせず、「本当に私のことが好きなのか」「私のどういうところに惹かれ付き合いたいと思ってくれたのか」といった冷静な観察や検証と、男性が勝手に幻想を作り上げて後から幻滅しないようにするための適切な自己開示能力が必要となります。

それから補足ですが、ここで述べてきた「恋愛感情」という言葉は便宜的・数値的に表現したものであり、愛情の本質的な実態とは異なります。要するに、恋愛感情が数値的に高いからといって愛情が深いわけでもないし、数値的に減少したからといって愛情が喪失したり薄らいだりしているとは限らないということです。つまり女性が恋人関係を良好かつ継続していくためには、大前提として、愛情というものを形式的に理解するのではなく、対話や観察を繰り返しながら本質的に理解する姿勢が求められるのです。それは恋愛に限らず、全ての人間関係においても共通して言えることです。

そもそも僕たちは恋愛と人間関係を分離して考えることによって、恋愛への不理解や失敗を招いているのだと思います。人間関係で大事なことは恋人関係でも同じように大事です。例えば「相互理解を深め、信頼関係を築くこと」「お互いに敬意や感謝の気持ちを持ち、それを表現し合うこと」「相手を不要に傷つけず干渉しすぎず尊重し合うこと」などです。恋愛だからといって何か特別なスキルや能力が必要なわけではありません。

そのような当たり前のことを今回の項では取り上げ、ただ先ほど述べたような代表的な失敗事例だけではなく、もっと具体的で個別的な恋人関係における問題にも焦点を当て、より建設的・発展的に考えられるようにしていきたいと思います。

Q1

最近彼氏と別れてしまいました。別れについてはもう受け入れていますが、今後の恋愛のためにどうすればよかったかということを整理したいです。今回の恋愛では相手の価値観が受け入れられなかったり喧嘩してしまったりすることが多かったので、その点についてアドバイスいただきたいです。

Fさん（20歳・大学生）

——まず別れを自分自身で受け入れて、今後のために自分を振り返ろうという姿勢が素晴らしいと思います。相手の価値観を受け入れられないというのは具体的にどういうことですか？

F：彼は女友達が多かったのですが、それは仕方ないとして、女友達と二人で出かけたりするんですよね。最初は我慢していたのですが、だんだん許せなくなってきて、次第にその女友達が自分の敵のように思えてしまうようになって。彼を責めてしまうことも何度かありました。

――そうだったんですね。確かに付き合っている彼が異性と二人きりで出かけるのは少し嫌だったり不安になったりしますよね。ちなみに、その女友達と遊びに行っていることはどうやって知ったのですか？

F：彼が教えてくれました。高校の時から仲がいい同級生だってことも話してくれて、その時は納得をしたのですが、どうしても気になってしまって。複数人だったらいいのですが、二人きりで出かけるのはちょっと嫌なんですよね。

――その時は彼にその嫌な気持ちは伝えたのですか？

F：伝えました。でも彼からは「ただの友達だから何もないよ」と言われて、とりあえず受け入れることにしました。ちゃんと連絡してくれるので何もないことは理解していたつもりなのですが、でもずっとなんか不安だったんですよね。

――それはすごく難しい問題ですね。ただ結局このような問題って「いかに彼と信頼関係を築けているか」が如実に表れる部分なんですよ。要するに、彼と信頼関係を築けていれば、他の女友達と遊びに行っていたとしてもそこまで気にならないし、信頼関係が築いていなければ過剰に気になってしまう。連絡問題も同じです。連絡が少し来なくて不安になるのは信頼関係が築けていないからです。信頼関係というのは、「お互いに好意や愛を伝え合っていること」と「相互理解をしていること」が基盤に必要です。

F：好意や愛はそこまで伝え合ってなかったかもしれないです。相互理解も自信がないです…。

――相互理解については、相手の価値観を理解する素地が自分の中にあることが大事なんです。例えば、彼の女友達についての不理解に関して言うと、自分にも彼と同じように男友達がいないとどうしても想像も理解もしづらいです。Fさんは男友達っていますか？

F：それが一人もいないんです。今までも男友達ができたことがないんですよね。

――そうですよね。だから余計に不安なんですよ。経験的に分からないことであるし、恋人がいるのに他の異性と会うという価値観や文化が自分の中にないですもんね。このような問題において、彼だけの問題にすることはいくらでもできます。例えば束縛をすることや、向き合うことを放棄して別れることです。束縛をしたら一時的に不安が解消しますが、確実に関係性は悪くなります。なぜなら彼が我慢をすることになるからです。別れるという選択をする場合は、次に恋愛する際、元彼と別れたことの正しさを証明するために、他の異性関係がない人を探すということになりますね。これだと中々見つからないし、問題の根本的な解決に至りません。だから、なぜ自分がその価値観を受け入れられないかということをまず理解することが重要だと思います。今回の場合は「自分に異性の友達がいないから」というのが原因の一つにありそうですね。

F：なんか基本的に男性のことを恋愛対象か否かで見てしまうんですよね。あんまり今まで男性と関わってこなかったというのも関係しているのかもしれないんですけど。

——なるほど。僕がこれまでカウンセリングをしてきて分かったことなのですが、異性のことを恋愛対象か否かという二分法で見ている人は共通して恋人に対して依存的になってしまう傾向があります。

F：完全に私です。

——これはなぜかと言うと、恋人の喪失が全ての異性とのつながりの喪失になってしまい、手放したくないという執着心が働きやすくなってしまうからです。

F：それはすごく分かります。

——それから、恋愛対象か否かという見方は、端的に言うと性的に見ることができるか否かという見方です。つまり、性的にアリだったら興味を持つし、性的にナシだったら興味を持たないということです。これだと異性の友達はできにくいし、もっと言うと相手のことを深く知ることができないです。たとえ性的に見ることができなくても、話していて楽しい人や人間的に面白い人はたくさんいると思います。つまり、恋愛対象か否かという二分法的な見方は、人間関係の可能性を狭めていると言えますね。

F：確かにそうですね。異性として見ることができなかったらすぐに知ることを放棄していた気がします。異性との関係って別に恋愛に限定されていないですもんね。男とか女とか性別にとらわれすぎていた気がします。もっとフラットに関わってみることも意識したいです。

——それができると、恋人の異性関係が前ほどは気にならなくなるかもしれません。

F：分かりました。あと元彼との喧嘩に関してもアドバイスいただきたいです。喧嘩ってやっぱりいけないものですか？　よく仲がいいほど喧嘩をするとか、恋人同士で喧嘩するのは当たり前みたいな話を聞くのですが、それってどうなんですかね。

――個人的な意見を言うと、仲が悪い者同士ほど喧嘩をするし、お互いが未熟であればあるほど喧嘩をします。何を喧嘩と定義するかにもよりますが、いわゆる感情のぶつけ合いのみに終始するような喧嘩は不毛だと思います。関係が良好な二人は喧嘩ではなく対話をしますよね。そもそも普段から対話的なコミュニケーションをとってお互いを理解しあっていれば、喧嘩はまず起こらないはずなんです。

F：そうなのですね。前の彼とはよく喧嘩をしていました。内容は覚えてないくらいくだらないことなのですが、相手の言い方とか態度とかが気になってしまうことが多くて。

――喧嘩をした後で関係が良くなりましたか？

F：いやなってないですね。それどころか後半にかけてどんどん喧嘩が増えていきました。

――内容が覚えてないほどのくだらないことで喧嘩をしてしまう場合は、基本的に距離感の近さから来ることが多いです。どうですか？

F：確かに距離感は近かったかもしれないです。彼とは大学が同じだったのですが、勉強する時とかご飯を食べる時とか買い物する時とか常に一緒にいることが多かったです。なんかお互い寂しくて依存しあっていたんだと思います。女友達とかとも会うのが少なくなって生活が彼ばかりになっていました。

――多くの場合、喧嘩をしたり怒ったりするのは甘えているからなんですよね。同性の友達には怒ったりしないけど、彼氏には怒ったりすることってあるじゃないですか。それって怒ったとしても相手が離れていかないなってどこかで分かっているからなんですよ。これは善でもあり悪でもあります。あるいは「相手への敬意が失われている状態」と見ることもできます。簡単に怒りを発散できる対象として見てしまっているんですよね。しかも人間って怒る回数が増えていくと、怒りの回路みたいなものがどんどん強化されていって、何気ないことにでも怒りやすくなってしまいます。もはや怒り探しをしているような状態です。怒ることに慣れててしまって、怒ってないと気が済まないから常に怒っている。そういう人っているじゃないですか。

F：確かにそういう人いますね。でも私も付き合っている時はそういう状態に近かったかもしれないです。今思うと自分じゃないみたいで怖かったです。

——僕は今生きていて怒ることがほとんどないのですが、それはそもそも怒る原因となるものが生活の中にほとんどないからです。だから「怒らないこと」に慣れてしまって、些細なことも気にならなくなりました。でもすごく怒ってばかりの時期もあったんですよ。その時は「怒りの回路」を塞ぐまで多くの時間がかかりました。人間って環境にここまで左右されるんだなって驚いています。

F：なるほど。やっぱり怒ってしまうことが多いなってなったら、その相手とは距離を置いたほうがいいんですかね？

——基本的には距離を置いたほうがいいと思います。それが苦しいなら尚更。

F：ですよね。なんか別れ際の時は、彼にずっと愚痴とかを言うようになっていて、重いと言われてしまいました。これも距離感の近さが原因ですよね。

――そうですね。おそらくFさんの場合は、彼に役割を持たせすぎてしまったのだと思います。楽しさ、癒し、承認、支援、触れ合いなど、他の友達や趣味などで分散できればよかったのですが、それらを満たす対象が彼だけに集中しすぎてしまった感じですよね。

F：やっぱり彼だけで満たそうとしたらダメですね……。私趣味とかもあんまりなくて、熱中できそうなものを探そうと努力はしているんですけど、なかなか見つからないんですよね。

――熱中するものを見つける必要はないですよ。むしろ熱中するものって最初の熱量が大きくなりやすく、その分飽きやすかったりもします。熱中できるかよりも「嫌ではないか」「その趣味によって人と繋がれるか」をまずは優先するといいです。これはおあらゆることにおいて大事な考え方なんですけど、「いかに事前完璧主義にならないか」を意識するといいです。趣味がない人って「これをやって意味があるか」とか「ちゃんと熱中して継続できるか」とかって感じで事前に意味や結果を考え過ぎてしまうんですよね。このような事前完璧主義的な考え方が癖になっていくと、何事もやる前に色々考えてしまって一向に行動できなくなってしまいます。

よく恋愛で「脈ありか脈なしか」を過剰に気にしていろんな人に相談したり恋愛記事を見たり占いに行ったりする人がいるんですが、これも事前完璧主義の一種です。行動する前に正確で完璧な答えを知って安心したいんですよね。でもそれは不可能です。僕たちは、行動する前に予測することはできても、答えを知ることはできません。だから趣味においても、まず試してみて、自分の体感として知っていくことが必要です。自分に必要な答えは後から自然と分かります。そのために、行動のハードルを下げることは効果的です。少しでも楽しかったら続ければいいいし、合わなかったらやめればいいいんです。それから友達がやっている趣味とかを一緒にやってもいいいです。

もはや、現代において趣味は他者と繋がるためのツールとしての側面が強いなと思います。実際その方が楽しみ方を教えてもらったりするし、結果的に継続できたりもします。趣味は継続していけばだんだんと楽しさや良さが分かってくるし、自分でも楽しむ工夫ができるようになっていくんですよね。

F：そうなんですね。なんか熱中できて続けられるものを趣味しないといけないんだってずっと思っていました。なんでもとりあえず始めてみる気持ち、大事ですよね。恋愛だけじゃなくて人生において大事なことも教えてもらってよかったです。ありがとうございました。

MISHIRU POINT

1.

恋人関係における不安は信頼関係ができていないことから起こる。信頼関係のベースになるのは相互理解。相手の価値観を理解できる素地があるかどうかを確認するといい。

2.

恋愛依存になりやすい人ほど恋愛対象か否かという二分法的な見方になっている。

3.

喧嘩をしたり感情的に怒りをぶつけてしまうのは甘えているから。それは相手への敬意が失われている状態を表す。

4.

相手に多くの役割を持たせすぎると依存的になってしまい相手に負担感を与える。

5.

恋人との距離感を適切に保つには趣味があった方がいい。熱中できるかよりも、「嫌ではないか」「その趣味によって人と繋がれるか」という視点の方が重要。

Q2

彼氏にすぐに感情をぶつけてしまうのが悩みです。これを言ったらダメだなって分かっているんですけど、言わずにはいられません。イライラしやすいんですよね。アンガーマネジメントの記事とかを読んで、怒りそうになったら深呼吸をするとか、その対象から離れるというのをやっているんですけど、一時的になんとかなっても、なんか根本的に解決していないような気がします。

Tさん（27歳　会社員）

――感情がコントロールできないという悩みは非常に多いです。Tさんは対処療法的な方法を知りたいというより、怒りの根本的な問題を知りたいってことですよね。

T：そうです。なんで自分はこんなに怒りやすいんだろうって不思議だなって思います。感情が穏やかな人が羨ましく思います。

――ちなみに、どんな時に怒りが沸きますか？

T：そうですね、今までのことを思い出すと、連絡が全然返ってこないとか、ずっと楽しみにしていた二人の予定が彼の仕事の都合でドタキャンされてしまったこととか、自分が言ってほしい言葉を言ってくれなかったこととかですかね。でも後から冷静に考えると、仕方ないなって気づくこともあるんです。でもその時は怒りが湧き上がってきて気づいたら彼のことを責めていて。

――そういう時って「なんで～してくれないの？」みたいな表現になったりしませんか？

T：しますね。「どんなに仕事が忙しくても少しくらい時間があれば連絡ってできるはず」って思ってしまうし、ドタキャンに関しても「なんで私を優先してくれないの」って思わず言ってしまいます。

――ですよね。そういうふうに怒りが湧く根本的な理由ってなんだと思いますか？

T：なんでしょう…。大切にされてないと感じるから、ですかね。だから相手に大切にされることを求めて、相手を自分の思い通りにコントロールしたくなって、怒りが湧いてくるんじゃないかなと思います。

——とても的確な分析だと思います。基本的に怒りって何か目的があって「使用されるもの」なんです。今Tさんがおっしゃったように、相手を自分の思い通りにコントロールしたいという目的があって、その手段として「怒り」を使用しています。でもそれではその目的は達成されないし、そもそも「相手をコントロールする」という目的自体が不可能で不適切ですよね。

T：確かにそうです。今まで相手に怒りをぶつけても何も解決しませんでした。

——それから、怒りの発生原因について別の視点から言うと、相手の言動を「意志と選択の結果」として捉えてしまっているんですよね。

T：意志と選択ですか。

――はい。要するに、「この人はこうしたくてこの選択をしたんだ」と考えているってことです。例えば「彼は私に連絡をしたくなかったからしなかったんだ」「彼は私とデートに行きたくなかったから仕事の方を選んだんだ」みたいな感じです。

T：そういうふうに思いますね。大切にされてないなって思います。彼にとって私ってその程度の存在なんだなって。

――ですよね。だから考え方を「意志と選択の結果」ではなく、「状況と能力の結果」に変えることが必要です。どういうことかというと、「この人はこうせざるを得ない状況なのだ」と理解することです。連絡が来なかったとしても、それは連絡をしなかったのではなく、連絡ができなかったと捉えます。ドタキャンをしたのではなく、ドタキャンをせざるを得なかったと捉えます。大前提として、そう捉えたいと思えるような信頼関係が必要なのですが。

T：なるほど。確かに彼が前に「行きたい気持ちはもちろんあるけど仕方がないから」と言っていました。私は「楽しみにしていたデートに行けなかった」という事実に強く固執してしまい「彼がその時どういう気持ちなのか」をあまり考えることができていなかったかもしれないです。

——気持ちがあることと実行できることは違いますもんね。ただ今言ったことは表層の考え方の癖の部分で、おそらくもっと根本にあるのは自分との不仲の問題です。

T：自分と仲が悪いということですか？

——そうです。おそらく彼との関係構築のことばかりを今考えていると思うのですが、もっと優先すべきは自分との関係構築です。今まで感情コントロールが苦手な方の話をたくさん聞いてきたのですが、それぞれ共通して自己否定の習慣がある傾向にあります。Tさんはさんは自分を否定してしまうことはありますか？

T：「どうせ私なんか」とか「やっぱり私はダメだ」みたいなことですかね…。あるかもしれないです。自分に自信がないっていうのが前からの悩みで。

——僕は「自信がない」というのは根本的な問題ではないと思っています。「自信がない」ってすごく漠然とした実態のつかめない状態なんですよ。多くの場合、「自信がない」という言葉は行動しない理由や変わらない理由を作るために便宜的に作り出した幻想です。自信がないのではなく、何かが怖いのです。何かを恐れていて、「どうせ私なんか」とか「やっぱり私はダメだ」といった発言や想念が発生しているのだと思います。何を恐れていると思いますか？

T：……よく分からないです。

——では少し質問を変えます。「どうせ私なんか」と言うことによって何を守っていると思いますか？

T：うーん。彼氏から嫌われることとか、彼氏が私の元から離れていくことですかね。

――そうなると、彼から嫌われることや離れていくことを事前に想定して、その時に深く傷つかないようにあらかじめ自分を否定しているということですね。

T：そうかもしれないです。

――これは要するに、これから起こり得る不幸を回避するためにやっていることそのものが不幸を作り出してしまっているということです。

T：なんかすごくもったいないなって思ってきました。

――多分彼とのことだけではなくて、他のことでも自分を否定している癖とかってあると思うんですよ。例えば仕事とか。

T：そうですね。仕事でミスしたりした時は「なんで私はこんなこともできないんだろう」って自分を責めてしまっています。

――そういう時、なんで自分を責めてしまうと思いますか？

T：なんでなんですかね。ちゃんと反省しないといけないって思っているのかもしれません。ちゃんと反省すれば許された気分になるというか。

――なるほど。それはすごくありそうですね。ちなみに反省した後、これからどうしていくかとかは決めていますか？

T：決めてないかもしれないです。自分が悪かったことを考えるだけで終わっています。

――そうなんですね。自己否定をする人から話を聞いてみると、自己否定することが一種の逃げ場所のようになっているみたいです。つまり楽なんです、自己否定って。どういうことかというと、自分を否定することによって、「仕事でミスをした」という結果に納得しようとしているんですね。「私はどうせダメだから仕事ができないんだ」って思うことによって、現実と向き合うことから逃げているんです。

T：なんだか耳が痛いです。

――そのような自己否定の連続によって、自分の心は確実に蝕まれていきます。するとどうなるかというと、先ほど言ったように自分との関係が悪くなっていきます。自分と関係が悪くなると、自分が自分の言うことを聞いてくれなくなります。嫌いな上司の言うことって聞きたくないじゃないですか。それと同じです。嫌いな自分の言うことを聞きたくないんです。これがいわゆる感情コントロールができない状態です。

例えばアンガーマネジメントの方法として「6秒間我慢する」「怒りを数値化して客観視する」「深呼吸をする」「相手の行動の背景を考える」「言葉や行動をコントロールする」などの対処療法的なものはたくさんあるんですけど、それだけでは根本的に変わらなくて、結局は自分との良好な関係構築をしていくことが必要になるんです。それは端的に言うと「自分を受容する」ということですね。

T：自分を受容するってどうすればいいのでしょうか。

――善悪の判断をしないでありのままに認めることです。否定をしない、無理に肯定もしないって感じです。例えば、「私はすぐに怒ってしまって感情的でおかしい」と思うのではなく、「今私は怒っている」と認めましょう。感情を静かに見つめましょう。もし余裕があれば何に怒っていてなぜ怒っているのかを分析しましょう。怒りも必ずしも悪いわけではなく、紐解いていくと自分が大事にしている価値観や信念、願いが見えてくる場合もあります。

それから仕事に関して言うと、「仕事でミスを繰り返している私はダメだ」ではなく「今回は仕事でミスをしてしまった。やり方が違うのかもしれない。工夫が足りないのかもしれない。あるいは単なる疲れなのかもしれない」などと冷静に考え、今後の具体的な行動や改善策を考えてみましょう。こんな感じで、すぐに自己否定に逃げるのではなく、きちんと自分の感情や状態と向き合いながら問題を見つけていき、次の行動を前向きに考えていく姿勢が必要となります。これが自分を受容する上では必要不可欠です。よく言われている「自分を大切にする」とは、「自分が自由に前向きに生きていくために自分を受け入れていく」という意味だと思います。

T：なるほど。自分を大切にするにするってそういうことなんですね。今まで私は自分を大切にしていなかったかもしれないです。彼のことばかり考えていて空回りしていました。彼のことの前にまずは自分ですね。

――必要であれば彼と距離を置くことも検討するといいです。多くの場合、関係性の悪化や破綻は距離が近すぎることから起こります。実際のところ、恋人同士ってそこまで頻繁に連絡を取らなかったり会わなかったりする方が上手くいくことが多いんです。

T：確かにそれはあるかもしれないですね。でも会わなくなったら彼の気持ちは離れていかないですかね。

――少し会わなくなって離れていくのであればその程度の気持ちだということです。あと、基本的に男性は会わないことが直接的な原因で気持ちがなくなることはありません。男性の気持ちが離れていく原因の多くが「嫌なことを繰り返された時」です。つまり男性との関係において重要なのは足し算よりも引き算です。別の言葉で言うと、尊重をするということですね。

T：分かりました。今後は自分との関係を見つめ直す期間にしたいと思います。感情がコントロールできない根本的な問題を知ることができてよかったです。ありがとうございました。

MISHIRU POINT

1.

考え方を「意志と選択の結果」ではなく、「状況と能力の結果」に変えていくと相手の言動を受け入れやすくなる。

2.

感情をコントロールできない根本的な問題は自分との不仲。

3.

自信がない状態は何かが怖い状態。その恐怖が何かを明らかにするとよい。

4.

自分を受容するためには善悪の判断をしないことが必要。

5.

男性の気持ちが離れていく原因の多くが「嫌なことを繰り返された時」。つまり男性との関係においては足し算よりも引き算が重要。

浮気・不倫

UNFAITHFUL

たった一人を一途に深く愛することができたらそれは純愛と呼べるでしょう。

しかしそれが二人以上になった場合、世間は浮気とみなすでしょう。

よく「何が浮気か」「どこからが浮気か」といったことが議論や話題にあがります。

他の異性と二人で飲みに行くことなのか。キスやセックスをすることなのか。手を繋ぐことなのか。どんな状況であれ他の異性関係のことで相手を傷つけたら浮気なのか。

あるいはもっと根本的に考えた場合、それが別れに発展した時、初めて浮気として成立するのかもしれません。なぜなら、別れに至るということは、いわば心の移り変わりを決定づけているからです。

このように、おそらく人それぞれ浮気の定義は異なると思います。

その一方で、不倫の定義は「配偶者以外の異性と肉体関係を持つこと」を指し、浮気よりも客観的かつ明確です。

浮気が心の問題とするならば、不倫は行為の問題と捉えることもできます。

近年は、芸能人の不倫や、浮気や不倫をテーマとした作品がよく話題になっています。SNSでは、自分と全く関係のない赤の他人の不倫を騒ぎ立て、正義の鉄槌が下され、それがエンタメ化されている様子が散見されます。かなり異常な光景だなと思いつつも、現代社会や人間の本質を映し出しているようにも見えます。

それらが象徴しているのは、人々はそういう人間の醜さや裏側の部分に強く関心を持っているということです。あるいはもっと単純に考えると、羨ましいのかもしれません。普段の生活や社会的な役割の中で抑圧している自分を、正しさの檻から解放させてあげたいという気持ちの表れなのかもしれません。

僕は多くの人からの相談を受けていてあることに気づきました。それは、絶対に不倫などをしなさそうな真面目な人でも不倫に走ってしまうことです。むしろ、どちらかというと、真面目な人の方が不倫をしてしまっている印象があります。おそらくそれは先ほど述べた抑圧が関係しているでしょう。もしくは真面目に生きてきたがゆえに、そのような状況に慣れていなく、上手く対応したり、自分を律したりすることができなかったとも考えられます。いずれにしても浮気や不倫といったものは、僕たちのすごく身近に存在しています。

どれだけ誠実に見える人でも浮気をすることはあるし、どれだけ良好な夫婦関係でも、裏では不倫が展開されていることもあるのです。

誰かと付き合う、結婚するということは、浮気や不倫をされるリスクを負うことでもあります。なぜなら、付き合わなければ、結婚しなければ、浮気や不倫という概念は発生しないからです。

またはそもそも根本的に、恋と道徳は両立しないのかもしれません。

「恋は盲目」とよく言いますが、激しい恋に落ちて盲目的になってしまった時、その人の視界からは完全に道徳というものが消滅してしまいます。自己が揺さぶられ、破壊され、すりつぶされていき、まるで自分ではないような感覚になる。人生の中で誰しも一度はこのような経験をしたことがあるのではないでしょうか。

どうやら恋はそのような「自己矛盾の危機」の可能性を常に孕んでいるようです。

僕たちは恋愛をしていく限り、あるいは人との関わりを求めている限り、いつでも浮気や不倫の加害者になり得るし、被害者にもなり得ます。

そういった可能性を完全に無視して生きていくことが幸福なのか、それともその可能性を覚悟した上で恋愛をしていくことが賢明なのか、あらゆる工夫によりその可能性をできる限り減らし、平穏で安定的な恋愛を目指すことが正解なのか、それは難しい問題です。

人はなぜ浮気や不倫をするのでしょう。あるいはもっと前提から考えると、人はなぜ守れない約束をするのでしょう。

この項では、浮気や不倫の具体的な実態や、その当事者の心情などを、相談者とのやり取りを読んでいく中で想像しながら考えてもらいたいです。

僕は浮気や不倫の善悪の示していくつもりはありません。

むしろこのテーマを取り上げることによって、人間の本来の実態、罪の意識、「信じる」の定義、恋愛関係の脆弱さ、関係の修復の仕方など、色々なテーマや問いについて再考するきっかけになることを期待しています。

Q1

7ヶ月くらい付き合っている彼にセフレがいることが判明しました。浮気については許せばいいのか許さない方がいいのか分かりません。あるいは別れた方がいいかどうかも迷っています。どうすればいいでしょうか？

Nさん（25歳・事務職）

――Nさんは、彼とまだ付き合っていきたい気持ちはあるのですか？

N：あります。彼のことはまだ好きなので。

――彼の浮気はどのようにして知ったのですか？

N：この間、たまたま彼の家の近くで用事があって、その帰りに彼の家に寄ってみたんですけど、彼があからさまに動揺していて、部屋の中に入ってみると、女物の洋服が置いてありました。「何これ？」って聞くと、彼はずっと黙っていました。それで私は思わず色々と問い詰めてしまって、そしたら浮気について正直に話してくれました。

――そうだったのですね。Nさんはどう思いましたか？

N：とてもショックでした。まさか彼が浮気をしているなんて思ってもいなかったです。というのも、私は彼と付き合いたての頃、「元彼に浮気されていてトラウマだから浮気だけは絶対にしないでほしい」と伝えていたんです。なんだか裏切られた気持ちで悲しかったです。

――それはショックでしたね。彼はどんな反応をしていましたか？

N：すごく謝っていて、申し訳なさそうにしていました。あとその人との関係について詳しく説明をしてくれました。全くお互い感情がなくて割り切った関係だと話していました。信じたい気持ちはあるし、納得できればよかったんですが、私はモヤモヤしてしまいました。

――そうなのですね。どういうところがモヤモヤしましたか？

N：なんで特別な感情がないのに、そういう人とダラダラとセフレ関係を続けたんだろうって。私はセフレがいたことも浮気をしたこともないので気持ちが理解できません。

――なるほど。Nさんはそういう経験がないのですね。

N：うーん、彼氏以外とそういう行為をしたいと思わないんですよね。でも男性って好きな人以外ともできるってよく聞きます。私には全くない感覚です。

――傾向として、女性は性的対象が限定されていますよね。それに対して男性は性的対象が女性に比べて広いなと思います。男性の方が風俗に行って見ず知らずの人と性行為をすることに抵抗感はないし、AVなどのメディアもよく観るじゃないですか。だから、彼がそのセフレだった女性と特別な感情がないっていうのもあり得る話ですし、そういう場合は多いです。

N：そうだといいのですが。

――浮気は大きく3つに分けられます。一つ目は身体（性欲）の浮気です。これは一時的な性欲の発散が目的だったり、その時の勢いや流れでその行為に及んでしまったりするケースです。二つ目は恋人への不満足感からくる浮気です。これは、恋人が他のことで忙しくなかなか相手にしてくれない寂しさや、恋人の激しい束縛から解放されるための逃避願望からきていたりします。そして、三つ目は心の浮気です。これはもはや浮気というより本気です。要するに、今の恋人への愛情がすでに冷めていて、その浮気相手を次の交際相手として見ていることになります。男性の場合は、圧倒的に一つ目が多く、女性の場合は、二つ目と三つ目が多いです。よく「男の浮気は副業で、女の浮気は転職」って表現をされますが、的を射ていると思います。

N：確かにそうかもしれないですね。そう考えると、彼の浮気は単なる身体の浮気でしかないのですかね。

――それを明らかにする上では、彼が普段Nさんとどのように関わっているのかが判断材料となるのですが、その点はどうですか？　大切にされていますか？

N：大切にされていると感じます。今回の浮気の件以外だと嫌なことは特にありませんね。

――大切にされているというのは、なんでそう感じるのですか？

N：うーん、そう聞かれると難しいですが、ちゃんと私のことを好きなんだって伝わりますね。仕事が忙しくても会う時間は作ってくれますし。私のことを優先してくれている気がします。

――彼はNさんの話をよく聞いてくれますか？

N：聞いてくれますね。普段から私のことを気にかけてくれますし、考えを言った時とかに否定せず受け止めてくれるし、「なんでそう思うの？」って聞いてくれたりもするので寄り添ってくれていると感じます。

――それはとても優しいいし、大切にされていると言えますね。僕はその関係性の状態を把握したい時に「話を聞き合っているか」を確認することが多いです。それはなぜかというと、話の聞き方に向き合い方が如実に表れるからです。関係が上手くいっていないとか、大切にされている実感がない場合、大抵それは一方、あるいは双方が話を聞いていません。

N：分かります。話の聞き方って大事ですよね。彼とはマッチングアプリで出会ったんですけど、話を遮ったりにあんまり質問をしたりしてくれない男性が多い中、彼は話の聞き方も言葉の選び方も素敵で、それで信用ができました。

――その言葉の選び方とか話の聞き方は、付き合ってからも以前と変わらぬままですか？

N：変わらないです。

——そうなんですね。男性の場合は、付き合ってから相手への態度や接し方が大きく変わる人が多いようです。付き合う前はすごく丁寧にコミュニケーションを取ってくれていたのに、付き合ってから雑になっていくパターンの話はよく聞きます。彼はそういうタイプじゃないってことですよね。それは彼女に対して愛情があり、大切にしたいという気持ちの表れだと捉えられます。そう考えると、やはり単なる身体の浮気なのかもしれないです。もしも心の浮気だったとしたら、彼女に対する関わり方がなんらかの形で冷たくなるはずなんですよ。

N：そうですね。ただ、やっぱり過去のトラウマの話を伝えたのにも関わらず、浮気していたことはなかなか許せないです。

——許せなくていいと思いますよ。悲しかったという自分の感情を伝えるといいです。

それに対して彼がどのように向き合ってくれるかですね。普段どれだけ彼が大切にしてくれていたとしても、浮気をしていたことに関しては、彼女を傷つける誤った行為であることに変わりないので、Nさんが受けた傷に、真剣に向き合ってもらう必要があると思います。

N：分かりました。何か私の方で制約とかを設けた方がいいのでしょうか。例えば、「これからはいつも以上にマメに連絡をしてほしい」とか「女の人がいる飲み会には絶対に行かないでほしい」とか。

——個人的な意見を言うと、それはなるべく避けた方がいいです。なぜかというと、そういったことを求めてしまうと、彼の中にある主体性が奪われ、本当の意味で反省をしたり彼なりの意志や工夫でNさんに寄り添ったりする機会が失われてしまうからです。Nさんの傷にどのように寄り添い、今後どのように関係性を築いていくかどうかは彼に委ねたほうがいいと思います。Nさんが具体的な行動を指定してしまうと、「やれと言われたからやった」という受動的な状態が作られやすく、彼の本心で動いているかどうかが分からなくなってしまうんですよね。

N：なるほど。それを聞いて、確かにそうだなと思いました。私の元彼の話になるのですが、さっき元彼にも浮気されたということを話したじゃないですか。その時私は、私を傷つけた分、ちゃんと反省して向き合ってほしいという意味を込めて、まるで制裁を与えるかのように色々なことを求めてしまったんです。例えば、「私以外の異性の連絡先は全部削除してほしい」みたいな感じで。

――その後はどうなったのですか？

N：彼は言うとおりにしてくれたし、最初は浮気をしたことを反省して今まで以上に尽くしてくれたりしたのですが、その分どんどん疲弊していったみたいで、後半は愛情がなくなっていったように感じました。それから、段々と彼も私を束縛するようになり、なんかお互い窮屈な気持ちになってしまって結局別れました。その時の私は余裕がなく、彼にとってあまり魅力的に映らなかったと思います。

――やっぱり難しいですよね。結局のところ、人を縛ることができるのは魅力のみで、それ以外は逆効果になることが多いです。

N：そうですね。今思うと、ちゃんと傷つくことを覚悟して信じようとすればよかったです。私は元彼の時、相手のことも自分のことも信じることができませんでした。傷つくのが怖いから、離れてほしくないから、必死になって彼を自分の思い通りにしようとしていたんだなって思いました。だからもうあの時のようにはなりたくないです。

――過去のことをそのように振り返られているのはとても素敵だと思います。

N：ありがとうございます。浮気をされてしまったショックはありますが、ちゃんとこれからの彼を信じたいですし、信じられる自分になりたいです。

――いいですね。信じたいという気持ちも彼に伝えるといいですよ。彼がNさんに対して愛情があれば、あるいは善の心があれば「こんなに傷付けたのにそれでも自分を信じようとしてくれるんだ」と思い、反省と感謝の念を抱くはずです。人は自分を信じようとしてくれる大切な人を裏切りたくはないですからね。

N：でも信じるって難しいですよね。ミシルさんは信じるってなんだと思いますか？

――信じるという言葉は多義的で、色々な解釈ができます。でも一つ言えるのは、信じるというのは、相手が自分の思い通りになってくれるように願うことではないです。たとえ相手が自分の思い通りにならなかったとしても、その人が向かおうとしている方向性をしっかり見続けようとすることが、信じるためには重要です。それには痛みやつらさや傷が伴うかもしれません。でもそれらを、自分が選んだ責任として引き受けられるかってことだと思います。

N：なるほど。すごく響きました。ちゃんと彼と誠実に話してみようと思います。ありがとうございました。

MISHIRU POINT

1.

女性は男性に比べて性的対象が限定されている。

2.

浮気には身体の浮気、 恋人への不満足からくる浮気、 心の浮気がある。

3.

話の聞き方に向き合い方が如実に表れるので、 そこで判断すると精度が高い。

4.

人を縛ることができるのは魅力のみ。 それ以外は逆効果になることが多い。

5.

信じるとは、 相手が自分の思い通りになってくれることを願うことではない。 相手が向かおうとしている方向性を見続けようとする意志が信じるためには必要。

Q2

現在私は結婚しているのですが、他に好きな人がいて、その彼と不倫関係にあり、月一くらいで会っています。相手の男性は既婚者で子供がいます。私と夫の間には子供はいません。誰にも言えない話なので聞いてほしいです。

M（34歳　薬剤師）

――Mさんはその彼との不倫関係をやめたいとかではないのですか？

M：そうですね。やめるつもりはありません。

――旦那さんとの関係はどんな感じですか？

M：関係は良好で喧嘩や不満も一切ありません。夫はすごく私を愛してくれますし、私も夫のことを愛しています。

――そうなんですね。旦那さんに対して罪悪感みたいなものはないのですか？

M：それが不思議と全くないんですよ。

――それはなぜだと思いますか？

M：なぜでしょう。ただ、旦那も彼も両方とも好きなことは確かです。

――どっちの方が好きとかありますか？

M：うーん、難しいですね。比べられません。両方とも大切なので。

――ということは、両方とも順位や優劣をつけられない特別な存在ってことなんですね。

M：はい、両方とも特別です。だから罪悪感がないのかもしれないです。もしも比べることができる存在で、夫よりも彼のことが好きだったら、罪悪感を抱いていたかもしれないですね。

――そうなんですね。興味深いです。

M：否定しないで聞いてくださり助かります。

――不倫が悪いことなんて分かっていますもんね。

M：はい。確かに私がやっていることは社会的に悪いことだと分かっているのですが、夫を裏切っているとかは思わないんですよね。彼のことが好きだからと言って夫への対応が変化したりとか、好きな気持ちが薄らいだりすることはないんですよ。むしろ彼と関わることによって、夫の良さを改めて実感できるし、より大切にできる部分もあります。

――なるほど。彼の存在によって、旦那さんへの愛も深まっているんですね。

M：そうです。でもおそらく夫はそういう価値観や感覚を持ってないので、バレないようにしないといけないのですが。バレないようにする自信はあります。

――もしバレたらどうしますか？

M：その時は正直に話して理解してもらえるように説明をしますね。

――なるほど。Mさんが今話していただいたような内容を、他にも相談者から聞くことが結構あって、その人たちも同様に両者に対して好きな気持ちがあり、罪悪感がないと言っているんですよ。ただ、やっぱり周りの人たちには理解されないようで、それで僕の元に話をしに来てくださいます。

M：私以外にもいるんですね。それは少し安心します。

――おそらくですが、旦那さんと彼は性格が全く違いますよね。

M：全く違います。夫は完全に安定志向で内向的なタイプです。一方で彼は上昇志向が強く、外向的で常に出会いや変化を求めているタイプです。

――あとは、旦那さんは色気があまりないけど、彼には色気があるとか。

M：まさにその通りです。夫は自己完結型で周りからどう見られるのかとかをあまり気にしないのですが、彼はすごく自分の見られ方を気にするタイプなので自分の魅せ方をよく理解している気がします。

――もしもすごく似ている二人だったら、比較可能になり、お互い特別になりにくいですよね。

M：はい、それに両者に求めているものが違うのかもしれません。

――それはどう違うのですか？

M：私にとって夫は一緒に生活を共にするパートナーとしての役割が強いです。夫との結婚を決めたのは、この人とだったら何があっても一緒に乗り越えられると思ったからです。まだ結婚する前、私が仕事でつらい思いをしていた大変な時期に、嫌な顔ひとつせず寄り添って支えてくれたんですよ。夫の場合は、どんな私でも受け入れてくれる安心感があります。一方で彼の場合は、すごく本能的に惹かれている部分はあるのですが、一緒に生活をする相手かというと、少し違うような気がしています。でも彼といるとたくさん刺激をもらえるので、仕事への向上心につながるし、女性としてもっと魅力的でありたいって思えるんですよね。

――旦那さんは「ありのままの自分を受け入れてくれる人」で、彼は「新しい自分や可能性を引き出してくれる人」って感じですね。

M：まさにそんな感じです。だから二人とも私の人生には必要な存在なんですよね。

――なるほど。彼とは今後どのように関わっていきたいと思っていますか？

M：今の形のままでたまに会って同じ時間を共有できたらいいなと思っています。彼に離婚してほしいとは思わないし、私も夫と離婚したいと思っていません。

――彼の奥さんに対しての罪悪感や嫉妬はないのですか？

M：奥さんにも罪悪感や嫉妬はないんですよ。彼も同じように私の夫に対して罪悪感はないし、奥さんに対してもないようです。あと、彼も奥さんを愛しているように見えます。

――お互いが同じ感覚を持っているんですね。

M：私と夫、私と彼、彼と奥さん、彼と私、このそれぞれの関係は私と彼にとっては全く別々のもので、それぞれが閉ざされた二人だけの特別な世界の中で生きているという認識でいます。私は基本的にどんな人間関係でも、「私とあなただけの関係」を作りたいんですよね。私とその相手でしか作れない会話とか空気感ってあるじゃないですか。例えばですが、「この人って誰にでも同じ対応なんだな」って思った瞬間にすごく冷めるんです。だから私はそれをしないようにしていて、夫や彼だけに限らず、あらゆる人に対して、その人専用の自分で関わっています。彼も私と同じような価値観を持っているようです。

――そうなんですね。人間って人格が複数あるタイプと人格が固定化されているタイプの2種類がいて、Mさんと彼は前者のタイプですよね。対人関係ごとに人格を切り替えているから、あるいは相手によって違う人格を引き出されているから、その関係に特殊性が生まれて、結果的に他の存在が気にならないということなんですね。

M：そうです。なんか彼といると背景が消えるんですよ。

――背景が消える、というのは？

M：言葉にするのが難しいのですが、なんか彼以外の他のものが見えなくなって、今だけになる感じです。

――空間だけではなく時間感覚も変化するんですね。

M：はい、彼が私を取り巻く色々なもの抜きで私を見てくれて、私との今この時間だけに集中してくれていると肌で感じられているからなのかもしれません。

――興味深いです。Mさんと彼の関係って完全に倫理から逸脱している関係じゃないですか。でもその二人の間にはちゃんと愛があるように感じられるんですよ。

M：私も彼も愛を確信していると思います。

――しかもMさんと旦那さん、彼と奥さんもそれぞれ愛し合っていますもんね。愛というものの実態や常識を問い直すきっかけになりそうです。

M：誰にも話せなくて孤独感を抱えていたのですが、話を受け止めてもらい、少し気持ちが楽になりました。ありがとうございました。

MISHIRU POINT

1.

特別な関係性や存在においては、順位や優劣をつけることができない。それゆえに罪悪感が消えることがある。

2.

「ありのままの自分を受け入れてくれる人」と「新しい自分や可能性を引き出してくれる人」の性格は対極的なことが多い。

3.

対人関係ごとに人格が変化している場合は、その関係に特殊性が生まれ、他の存在が気にならなくなることがある。

4.

倫理や社会的な規範から逸脱している関係だったとしても、その関係の中に愛がある場合がある。

自己肯定感

SELF-ESTEEM

自己肯定感。このよく分からない単語に、僕たちは振り回されすぎている気がします。

僕が学生時代の頃は、自己肯定感なんて言葉は聞いたことはなかったし、だから自分の自己肯定感が高いとか低いとかを考えたこともありませんでした。

でもこの言葉が登場してから、きっと多くの人が「私は自己肯定感が低いんだ」と思うようになり、無駄に自己否定をする機会が増えてしまったように思います。

確かに自己肯定感という言葉は、それっぽく個人の状態や感覚を形容できる便利な概念ではありません。「なるほど、私は自己肯定感が低いから恋愛がうまくいかないんだ」というように、何となく一時的な納得感を与えます。しかし、それによって本来見るべき問題や解決すべき課題から、遠ざかっているような気がするのは僕だけでしょうか。

そもそも自己肯定感の定義は何でしょう。調べてみると「自らの在り方を積極的に評価できる感情」「ありのままの自分を肯定する感覚」などという言葉が出てきました。

正しい定義は何かという問題はさておき、この「評価」や「肯定」という言葉が持つ多義性が僕たちを混乱の渦に巻き込んでいる可能性はあります。

例えば、評価や肯定と聞くと、「優れている」「正しい」「すごい」みたいな言葉が連想されやすい。では自分のことを優れていると評価ができたら自己肯定感が高いのでしょうか。自分自身を正しいと肯定できることが自己肯定感なのでしょうか。

僕は肯定も評価も不要なのではないかと思います。肯定や評価をしようとすると、途端に否定や善悪の概念が脳裏に散らついてくる。例えば、「今の自分を肯定できるか」とか「今の仕事で自分を評価できるか」と問われたとして、すぐに肯定できる人がどのくらいいるのでしょう。「自分なりに頑張ってはいるけど肯定できるかどうか分からない」とか「まだ満足していないので肯定はできない。でも否定するほどでもない」みたいなグレーな領域もたくさんあるはずです。そういったものも含めて全て肯定か否定か、評価できるか否か、の白黒に収めようとすると、やはり無理が生じて、ありのままの状態を認めることができなくなってしまいます。あるいは否定の方向でジャッジしてしまうこともあります。古くから謙遜を美徳とする文化がある日本人なら尚更そうなりがちだと思います。

つまり僕たちに必要なのは、肯定や評価なのではなく受容です。「優れている」「正しい」「すごい」ではなく、「たとえ優れていなくてもいい」「間違っていてもいい」「すごくなくてもいい」という無条件に受け入れていく姿勢。「いいね。素晴らしい。最高」と賞賛することも大事ですが、弱さや欠点や未熟さに対して「それも私だよね」と肯定も否定も評価もなく認めていくことの方が大事で、むしろそっちの方が、自己肯定感の本質なのではないかという気がします。

そのような自己肯定感にまつわる問いは他にもあります。

例えばそれは、「自己肯定感を高めるためには他者と比較をしてはいけない」という主張です。これに関しては、どうしても乱暴で粗雑な主張に感じてしまいます。

僕たちは他者との関係の中で生きているので、比較からは逃れられません。例えば、会話してお互いの共通点を見つけて盛り上がったとします。これはまさに比較そのもので、比較をするから、同じかどうか、違うかどうかが明らかになる。同じだったら親近感が湧くだろうし、違いがあったら興味深いと思うでしょう。

「比較をしない」というのは根本的な解決にはなりません。比較を排除した頑丈な檻の中で自己肯定ができたとしても、それはとても独りよがりで、非社会的で、脆弱に思えてしまいます。

問題は比較ではなく、自分の中に存在する優劣の基準です。比較をした時、そこに優劣の基準を持ち込んでしまうから、「相手は自分より優れていて、自分は相手よりも劣っている」というように落ち込んでしまう。これは比較そのものが悪いのではなく、自分の解釈の仕方に歪みがあるということです。

相手との違いは単なる「違い」であって、決して「差」ではありません。仮に比較したとしても、違いとして自他を認めることができれば何も問題はないのです。しかしどちらが上でどちらが下かという優劣の基準で測ってしまうから、それは「差」として認識され、いわゆる「自己肯定感が低くなる」という状態が作られてしまいます。

このように自己肯定感という言葉から派生した色々な問題や誤解が多分世の中にはたくさんあるのだと思います。

だからこそ、この本の中でもあえて取り上げ、相談者との対話の中で、読者に問題提起をしていきたいです。

Q1

彼氏に対して過剰な期待してしまったり、勝手にネガティブになったりしてしまいます。例えば、尽くした分の見返りを求めてしまい苦しくなってしまうとか、何か問題が起きているわけではないのに、「もしも別れたら」と考えて不安になってしまうとかです。おそらく自己肯定感の低さなどが関係していると思うのですが、どのように変えていけばいいか分かりません。アドバイスをいただけるとありがたいです。

Hさん（26歳・イラストレーター）

――まずHさんは自身の問題を客観的に把握している点が素晴らしいと思います。過剰な期待と勝手なネガティブ思考が自己肯定感の低さからきていると考えているのですね。

H：はい、自己肯定感が低いから、見返りを求めて尽くして自分の価値を確かめようとしてしまうし、自己肯定感が低いから、「自分なんか」と思ってしまい、勝手に別れることを考えてしまうのだろうと思います。

——なるほど。非常に的確な分析だと思います。ちなみにHさんは、自己肯定感の定義をどのように捉えていますか？

H：自己肯定感ですか…。そういえば、よく使う言葉ですが、あんまりよく分かってないかもしれないです。「自分に価値があると思えること」でしょうか？　間違っていたらすみません。

——いえ、間違いはありませんよ。とりあえずHさんの認識を伺いたかったので。「自分に価値があると思えること」ですね。自己肯定感の捉え方についても、これから一緒に話しながら考えていければなと思います。

H：はい、ありがとうございます。

——ところで、Hさんのその自己肯定感の低さというものは何が原因で生まれていると思いますか？

H：家庭環境の問題と容姿コンプレックスから来ているのではないかと思うのですが、まだ漠然としています。

――なるほど。ではまず家庭環境の問題からお話を聞かせていただきたいのですが、それは両親との関係性とかですか？

H：そうですね。あんまに家庭環境のせいにするのも良くないとは思うのですが、小さい頃から、父親が私と姉を比較するようなことが多かったんです。「お姉ちゃんは勉強できるのにお前は」とか、「もっとお姉ちゃんみたいに愛想を良くした方がいい」みたいな感じで、いつも姉と比較されて否定されてきました。父親としては、私のためを思っての教育だったのかもしれないのですが、私にとってそれは何よりの苦痛でした。

――そうだったのですね。Hさんなりの頑張りや個性などは認めてもらえなかったのでしょうか？

H：褒めてもらった記憶はほとんどないです。強いて言うなら大学受験に合格した時くらいですかね。でもそれはあくまでも結果に対する賞賛で私が合格するまでどれくらい頑張ったかとかについては特に触れられてないです。それから、私は就職してから転職を何度か繰り返したんですけど、それについても「仕事をちゃんと安定させたほうがいい」とか「仕事が長続きしないのは努力が足りないんだ」とかって言われてしまって、私もうまく受け流せたらよかったのですが、仕事が続かない自分ってやっぱりダメなのかなって考えてしまいました。あと少し前だと、結婚への圧力が強くて、「〇〇さんの所はもう結婚している」と言ってきたり「いつ結婚するんだ？」と会う度に聞かれたりするのも嫌ではありますね。

——それは嫌でしたね。仕事が長続きしないことって僕は全然悪いことだと思ってなくて、仕事を転々とすることによって、色々な仕事を経験できるじゃないですか。その結果、自分が本当に好きなものとか自分が人よりも向いているものが分かったりしますよね。

Ｈ：まさにそうなんです。私は最初イラスト関係の仕事をして、すぐに辞めて他の仕事を何個か経験したんですけど、結局やっぱりイラストの仕事がしたいって思って、元に戻ってきたんです。

――そうだったのですね。自分にとってそれが本当に合うかどうかを確かめるためには、比較対象が必要ですよね。それは仕事においても恋愛においても言えます。色々な人と関わってみて、どういう人が自分に合うかとか分かってくるじゃないですか。

Ｈ：確かにそうですね。なんか比較って勝手に悪いイメージを持っていましたが、良いこともあるんですね。

――善悪というものは、何事も状況や目的によって変化してきますよね。話を戻しますが、先ほどは父親のことを話していただいたと思うのですが、母親との関係はどうだったのですか？

H：母親との関係は悪くはないです。でも少し過干渉なところがあって、父親のように直接的な否定はしないんですけど、やっぱり母も私の仕事や結婚について心配なようです。それは言葉の節々から伝わってきますね。「大丈夫？」ってよく聞かれます。

――Hさんは心配されることについてどう思いますか？

H：もちろん、ありがたいなとは思ったりするんですけど、一方で、私ってそんなに心配されるような人なのかなって思ってしまうんですよね。それも自信がないことの理由なのかな…。なんかこれは両親2人に共通して言えるんですけど、心配よりも信頼をされたかったかもしれないです。

――心配よりも信頼をされたいという気持ち、すごく分かります。自分の意志を尊重してもらい、未来の選択を任せてもらえると自信が持てますよね。でも逆に自分の意志を尊重してもらう機会や選択を決定する自由が奪われると自信を喪失していくのだと思います。

H：私ももっとスルーができて、両親の言動関係なく生きられたらよかったのですが。なんか両親のせいにしようとしてしまう自分も惨めに思えてきたりして。

――そう思われるのですね。家族って最初に出会う社会であり、最も身近な社会じゃないですか。だからその分、そこから受ける言葉の影響は大きいですよね。それに、生まれる家庭は自分で選ぶことができないし、それは自分の意思とは無関係に最初から用意されているものなので、むしろ相手のせいにすべき問題だと思うんです。

H：なるほど。そう考えてもいいんですね。なんか今までは両親のせいにしてばかりいる自分もダメだなって思って、自分を否定するループに陥っていた気がします。

――一旦、自分の感情をしっかり見つめるためにも相手のせいにすることが必要な場合もあります。ちなみにHさん、今は1人暮らしですか？　それとも実家暮らしですか？

H：今は1人暮らしです。実は最近ようやく1人暮らしを始めたんです。

――親元を離れてみて、変わったこととか気づいたこととかはありますか？

H：精神的にすごく楽になりました。先ほど言っていただいたように、私は結構親からの影響を受けていたんだなと改めて感じましたね。もはや影響されていることに無自覚でした。

――そうですよね。両親から物理的に離れることができていれば、徐々に回復していくと思います。自己肯定感や自信にとって大事なのは、プラスの追加ではなく、マイナスの排除です。自分に対してマイナスの影響を与える対象から離れることができれば、これからだいぶ変わっていくと期待できますね。

H：そうだといいなと思います。両親からの影響で自己肯定感が低いというのは分かったのですが、これから私が自己肯定感を高めるために意識するべきことは何かあるのでしょうか。

——そうですね。今のように「現在の自分がどのようにして形成されたのか」という原因を理解し受容することに加えて、「これからどうありたいか」という自分にとって望ましい姿を考え、それに近づけるようにしていくことが大事だと思っています。

H：それは例えば「もっと自分自身を認められるようになりたい」とかでもいいのでしょうか。

——とてもいいと思います。その上で有効なのが、プロセスへのフォーカスです。というのも、今までHさんは両親から結果を求めてられてきましたよね。例えば、「受験への合格」とか「仕事を安定させて続ける」とか「結婚する」とかです。このような結果は、全て自分でコントロールすることが難しいし、認めるにしても結果が出るまで待たなければなりません。しかも、どれだけ頑張っていても上手くいかない時はあるし、逆にあまり頑張らなくても運が良くて上手くいく時があります。だから、結果への肯定ではなく、プロセスを認めること意識するといいです。例えばそれは「どんな行動ができたか」「どんな意識や工夫をしたか」「何を学び、何を経験できたか」などです。これらは自分でコントロールが可能なので、確実かつ継続的に自分を認めることができます。

H：なるほど。それならできそうです。「いつもより丁寧に仕事に取り組めた」とかでもいいのでしょうか。

――いいと思います。「今日は会社で普段お世話になっている人に感謝の気持ちを伝えられてよかった」とか「買い物に行ったら自分によく合う服を買えた」とか、それぐらいの些細なことでもいいです。自分の行動や意識、それによる変化に関心を持つことが自己肯定感の安定につながります。日記を書くことも効果的です。自分が行ってきたことが可視化され、記録されていくので、より成長を実感しやすくなりますね。

H：それぐらいのことでもいいのですね。今話を聞いていて、普段から自分を認める習慣が全くなかったなと思いました。むしろ自分への否定が多かったです。自分で自分を認めていないから、彼氏から認めてもらおうとしてしまうのですね。過剰な期待ってそこからきていたんだって気づきました。

――彼氏に対して過剰に期待している時は、自分を認められてないんだと捉えればいいと思います。

H：一つのサインだって捉えればいいんですね。

――そうですね。では、容姿コンプレックスの話をしましょうか。Hさんは自分の顔が好きではないということでしょうか？

H：はい、あまり好きではないですね。

――それはなぜですか？

H：なんかＳＮＳとかを見ていると可愛い子の写真がよく流れてきて、それと自分を比較してしまうんですよね。

――比較して自分の欠点を探してしまう感じですか？

H：そうです。「もっと目が大きかったら」とか「もっと小顔だったら」とか、そういうことばかり考えてしまうんです。そんなこと考えてもしょうがないのですが、つい考えてしまって。そりゃあ自分より綺麗な人がたくさんいるなんて当たり前なんですけど、どうしても羨ましいなって思ってしまいます。

――今はＳＮＳが発達してきて、ルッキズムがどんどん加速していますよね。特にＳＮＳ上だと視覚に基づいて情報が判断されるため、ルックスがいいとたくさん「いいね」がついたり、フォーロワーが増えたりする傾向にあるのは否めない事実です。だから、Ｈさんも含め、多くの人が容姿コンプレックスを持ちやすい時代なんだと思います。

H：そうですね。美容整形もすごく増えていますよね。私の周りでも整形をしている子がいます。

――やっぱりそうですか。もちろん、整形をして自分が納得する顔になればいいのですが、整形しても次の新しい欠点を探して、一向に自分の容姿を受け入れられない人も多い印象です。

H：それはありそうですね。私も整形を考えたことがあるのですが、じゃあ整形をしたとして、私は私の容姿を好きになれるのかなって疑問でもあるんです。

――そうなのですね。ちなみに、Hさんが自分の容姿にコンプレックスを持つようになったきっかけって何かあるんですか？

H：きっかけですか…。あんまり考えたことがなかったのですが、今思うと、やっぱり姉の存在が大きかったかもしれないです。さっきも話したのですが、姉は私よりも勉強ができたことに加えて、見た目もすごく綺麗なんです。だから周りからすごく人気がありました。あと実際は分からないのですが、両親は私よりも姉を可愛がっていた気がするんです。そういう寂しさというか劣等感がずっとあったんじゃないかなって今話しながら思いましたね。

――そうだったのですね。それに気づけたこと、とても大きなことだと思います。劣等感とか、コンプレックスって無理になくす必要もないと思うんですよ。個人的な話になってしまうのですが、僕も学生時代に見た目のことでいじめを受けていたことがあって、Hさん同じように容姿コンプレックスを持っています。でも今では「容姿コンプレックスがあること」も含めて、自分を受け入れることができています。

H：差し支えなければ、どのようにして受け入れられたのか教えてもらってもいいですか？

――まずは「他人はそこまで自分の容姿に関心がない」って思うようにしました。僕の場合は自意識が過剰で、常に他人が自分の顔をどう思っているのか気になって仕方がなかったんですけど、この話を大学生の時に友人に話したら「お前の顔を気にしているのはお前だけだよ」って言われて、なんかそれで少し楽になったんです。僕たちは「他人の目」を気にしますが、結局それって「自分自身が頭の中で作り出した架空の他人の目」を気にしているだけで、むしろ現実を直視できてないのだと思います。

あとは、容姿コンプレックスがあることを活かして、自分なりに見た目に気を遣うようにしました。顔の造形とかは変えられないですが、体型とか服装とか髪型とか肌とかは少し変えられるじゃないですか。だからそういう自分なりの変化で自分を認められるようにしましたね。

H：自意識過剰の話も自分なりの変化の話もすごく納得しました。なんか私は変えられないところばかりにこだわっていた気がします。私も自分なりの変化を楽しめるようになりたいです。

――変えられないところを注目するのって楽なのだと思います。変わらなくていい理由になりますからね。あと大事だなって思うのが、自分の容姿を受け入れてくれる人を大切にすることですね。容姿を拒絶されることって実際はそんなにないじゃないですか。ほとんどの人は受け入れてくれるし、ごく稀に好きって言ってくれる人もいます。しかもそれは造形の美しさだけじゃなくて、表情や雰囲気や佇まいとかそういうことも含めての肯定だったりもしますよね。Hさんの彼氏も少なからずHさんの見た目に惹かれて付き合ったと思うのですがどうですか？

H：確かに彼氏は私の顔が好きだってよく言ってくれますね。あんまりその言葉を受け取ってなかった気がします。今思えばすごくありがたい存在ですね。

――たとえ今自分が自分の容姿を認めることができなくても、自分の容姿を認めてくれる人を認めることはできると思うんです。むしろそっちから始めてもいいです。自分が欠点だと捉えているところも、ある人にとっては美点や長所に見えていたりすることも多いですよね。人は気づけば視野が狭くなりがちで、自分の主観が世界の全てに思えてしまう。でもいろんな人がいて、いろんな世界の見え方があって、いろんな解釈の仕方がある。そういう自分とは全く違う他者の存在が、自分がとらわれている呪縛を溶かしてくれたりしますよね。

H：今の話を聞いて、私は色々な人がいると頭では分かっているのに、なぜか否定的なことを言ってくる人の言葉ばかりを受け取っているなって気づきました。それが自己肯定感の低さの原因だったのかもしれないです。もっと周りを見渡せば、私のことを褒めてくれる人やちゃんと見てくれている人はいるし、これからはそういう人たちの存在をもっと大切にして、その人たちの言葉をきちんと受け取れるようにしたいです。

——いいですね。最後に改めて自己肯定感について話したいのですが、Hさんは最初に「自分に価値があると思えること」と自分なりの定義をおっしゃったじゃないですか。Hさんの話を聞いた上で僕なりに考えると、「自分に価値があるとかないとか関係なく、現在の自分は自分であると思えること」なのかなと思いました。あるいは、「他者からの肯定を素直に受け入れられる状態」と定義することもできます。価値という言葉ってすごく難しくてややこしいんですよね。例えばお金って価値があるじゃないですか。それはみんなが必要だと認めているから「価値がある」と捉えることができる。でも人間に価値という言葉ってあまりしっくりこなくて、その人を必要とする人もいれば、必要としない人もいて、ある人にとっては価値があるし、ある人にとっては価値がない、みたいな感じになるんです。みんなから必要とされている人だけが価値があるかっていうとそんなこともないし。だから大切なのは、価値とか必要とされているかとか優れているかどうかにとらわれるのではなく、今の自分をしっかりと見つめていくことです。今の自分の現状や問題、コンプレックス、願い、良さや個性、周りの人間関係など、自分を自分たらしめている様々なものがありますが、それを全部含めて現在の自分なのだと知り、受け入れることなんだと思います。そういう自分への理解と受容により、揺らがない自分というものが形成されていきます。そうなれば、恋愛で相手がどんな態度や行動をしてきたとしても、相手からの働きかけと自分の存在を切り離して受け止められるようになるのでしょう。

H：なるほど。なんかそっちの方がしっくりくる気がします。自己肯定感って聞くと、どうしても自分の価値を高めなきゃって思ってしまいがちなのですが、受け入れるって方向で考えればいいんですね。

――そうですね。今の僕の定義も絶対的ではないので、またHさんなりに自由に考えてみてください。人間は多くのことを言葉によって認識していますよね。つまり極端に言うと、普段自分が使っている言葉が、自分の世界を決めてしまっているということです。それくらい僕たちは知らぬ間に言葉に支配されている生き物で、だからこそ、言葉を意識的に使っていきたいですよね。要するに、自己肯定感をはじめとする少しあいまいな言葉や、世間一般的な主張にとらわれないで、もっと自分に馴染むような言葉に作り変えたりしてもいいのだと思います。あるいは、もっと自然的で体験的な、そういった非言語的なものを重視して、完全に言葉から解放される時間を増やしていくことも必要なのかもしれません。

H：自分に馴染むような言葉に作り変えることや、言葉から解放される時間を増やすというのは自分にはなかった観点です。少し意識してやってみようと思います。ありがとうございました。

MISHIRU POINT

1.

人は自分の意志を尊重してもらう機会や選択を決定する自由が奪われると自信を喪失していく。

2.

自己肯定感や自信にとって大事なのは、 プラスの追加ではなく、 マイナスの排除。

3.

「他人の目を気にしている」 というのは、「自分自身が頭の中で作り出した架空の他人の目を気にしている」 だけである。

4.

自分とは全く違う他者の存在が、 自分がとらわれている呪縛から解放させてくれることは多い。

5.

自己肯定感とは、 自分を自分たらしめている全てを含めて現在の自分なのだと知り、 受け入れること。

執着

OBSESSION

忘れたくても忘れられない記憶とか、離れた方がいいと分かっているのに離れられない関係とか、どうしても許せなくて延々と考えてしまう相手とか、そういう執着って僕たちの人生に沢山ありますよね。

しかもそれは恋愛だけに限らない。あらゆる悩みや苦しみの根本を辿っていくと、不思議と執着という問題に行き着くことが多いです。執着というのは、生きる上で避けては通れないテーマの一つなのかもしれません。

では、そもそも執着とは何でしょうか。僕は前提となる定義を考える時、よく対義語から考えてみるのですが、皆さんは執着の対義語をどう定義しますか。

自立、解放、自由、無関心。パッと浮かぶのはこの辺りでしょうか。

ちなみにインターネットで調べてみると「断念」と出てきました。

よく「執着はよくない」とか「執着は手放すべき」みたいな主張や文言を目にしますが、おそらく多くの人にとって執着という概念は、あまりよくない認識の方が強いと思います。よくない言葉の対義語は、必然的によい言葉になるのではないかと予想できますが、実際の対義語は断念です。断念ってよい言葉なのでしょうか。

僕の感覚だと、完全なよい言葉とは思えないです。でも悪い言葉でもない気がします。なんとも言えぬ諦めの境地というか、強い後悔や無念が残っているような、そういうずっしりとした重い響きを、断念という言葉からは感じます。

ちなみに文字にして解体すると〝念を断つ〟となります。

心に抱いた自分を苦しめている感情、あるいは自分を縛る思い込みや決め事、それらを断つことが断念、とするのであれば、人は断念する時、そこには必ず現実を俯瞰する目があり、念を断とうとする決意があるのではないでしょうか。

執着と断念を一つのまとまりとして捉えるなら、人が成長したり何かを学んだりする過程には執着が必要なのかもしれない、と思えます。

ちなみに僕が考える執着の対義語は「静寂」です。執着って、ずっと頭の中に雑念が渦巻いていて、思い込みがこびり付いていて、ざわざわしている状態だと思うんです。実際に音が聞こえるかどうかは関係なく、なんかずっとうるさい感覚。

でも執着を手放すことができると、懐かしくて涼しい風が吹き、とらわれていた雑念が消え、心地よい静寂に包まれる。僕はこれまでにそんな体験をしたことがあります。

ところで皆さんにとって、執着は悪ですが。

確かに執着がない人生は気楽だし、快適だし、自由です。

でも何かに執着できるうちが面白い人生だとも思うのです。

例えば誰かを失ったとして、全く引きずらなかったら、それはそれで少し虚しいし、誰かと解散して、全く寂しくならなかったら、それはそれで悲しい気がします。もしも許せないことや怒りが全くなかったら、自分の心の冷たさに不安になりませんか。

理想や人や物などに関しても、少し執着がある人の方が、人間的で、愛おしいと感じませんか。僕は感じます。

僕たちに必要なのは、人生の中から執着を完全に消すことではなく、執着の扱い方や執着との距離の取り方を学ぶことなのだと思います。

というか、執着を完全に消すことは多分できないです。

それは何かを求めることを諦めることであり、願いや欲望を無視することであり、人間性を失うことなのでしょう。

執着できるのは、あなたが人間的な生き方をしている証明なのかもしれません。

そんなことを少しでも頭に入れながら、僕と相談者との対話を読んでいただきたいと思います。

Q1

1年付き合っている彼氏がいるのですが、先日会った時から態度が急変して、その後LINEが返ってきません。こういう時はどうすればいいでしょうか。

Lさん（27歳　接客業）

――Lさんの中で、何か心当たりはあるのですか？

L：先日、彼がアポなしでいきなり私の家に来て、ちょうど私は寝起きだったのでそっけない感じになってしまい、それで機嫌を損ねたのではないかと思っています。

――そんなことで機嫌を損ねるのですか？　あまり怒る理由にならない気がするのですが。

L：そうですね…。あと思い当たるのは、その後、色々話している時に「この前、映画を観に行っているところ見かけたよ」と伝えたら「なんで声をかけてくれなかったの？」と少し強く言われたことですね。

――やはりどちらもその程度で怒るの？というレベルの内容だと思うのですが、今までも彼はそのように不機嫌になることはあったのですか？

L：今までもたまにありましたね。最近は二週間に一回くらいそのような日があるような気がします。

――例えばそれはどんなことですか？

L：この前は、私が占いに行った時に占い師から「お付き合いしている彼は仕事を独立でやっていくことよりも、組織の中で働いていく方が今後活躍をするし向いている」と言われて、それを彼に伝えたら「独立が向いてないってこと？なんでわざわざそんなことを言うの？」とキレられてしまいました。現に彼は企業勤めをしているし、むしろ喜んでくれるかなと思って伝えたのですが、どうやら悪いように解釈されてしまったようで。その後はちゃんと謝って仲直りをしました。

――なるほど。正直僕としてはそれも怒る理由として不相応だなと思ってしまいました。それに今までの彼が怒ったポイントから共通の価値観や信念などが何も見えなくて、ランダムな怒りの表出な気がするんですよね。

L：そうかもしれません。今回の場合は特に理由が分からなくて、一応ＬＩＮＥで謝ったのですが、２日間くらい既読スルーされています。なんとかして彼に許してもらいたいのですが、どうすればいいのでしょうか。ちなみに明後日に彼と旅行に行く予定があるので、それまでになんとかして仲直りしたいです。またＬＩＮＥで何か謝ったり伝えたりした方がいいのでしょうか。

――とりあえず放っておくのがいいと思います。これは男女の違いが顕著に出るところなのですが、男性が不機嫌になっていたりストレスを感じたりしている時の基本的な最適解は放置です。女性の場合は、何か言葉をかけてもらうことや心配を示してもらうことを求める人が多いですよね。だからこのような場面で女性は男性に対して何度も謝罪をしたり心配の言葉を伝えたりしがちです。自分がされたいことを相手にしてしまうんですよね。

L：確かにそれはあるかもしれないです。つい「追いLINE」をしそうになってしまい、なんとか踏みとどまりました。多分私は放置やスルーをするのがすごく苦手みたいです。男性は放置されていて、気持ちが冷めたりしないのでしょうか？

――放置されることが直接的な原因で気持ちが冷めることはないです。そもそも男女に限らず、放置されて気持ちが冷めるのであれば、そこまで好きではなかったということなので、それは早めに明らかにできた方がいいです。それから、今回の場合だとLさんが謝る必要はないと思います。もしも謝ることが必要な場合は、「何が嫌で、なぜそれが嫌だったのか」を彼自身が説明をするべきですね。説明をする責任を放棄し、不機嫌を表し相手に察してもらうのは、パートナーに対するコミュニケーションとして不適切ですよね。そのように彼が不機嫌になった時にLさんが必要以上に気を遣ったり謝ったりしていると、彼は「不機嫌になれば相手が下手に出てくれて、コントロールしやすくなる」と学習をし、不適切な態度や考え方が強化されてしまいます。今まで聞いた情報だけでも多分Lさんと彼のパワーバランスに偏りがあり、完全に彼だけに主導権があるような関係性であることが推測できるのですが、それに関してはどうですか?

L：言われてみればだんだんと不機嫌になる頻度が多くなってきた気がします。私も無意識のうちに彼の顔色を伺うようになっていますね。

——つまり考えなければならないのは「今の関係性をどう修復するか」という一時的な対処療法の視点ではなくて、「なぜこのような関係性に許可を出してしまっているのか」という自分の在り方です。

L：そうですね。確かにずっと目の前の問題ばかりにフォーカスしていた気がします。今までも何度か不機嫌な態度を取られ、それで毎回私が折れて謝り、違和感があるのにもかかわらずスルーしていました。でも私としては初めて結婚を考えられた相手なんですよね。

――それはなぜですか？

L：彼はいつも仕事について考えていて、自分なりに目標を持って取り組んでいて、それが素敵だと思うからです。頭の回転が早く、話も面白いので尊敬できるし、一緒にいて楽しいんです。あと5年ぶりに付き合えた彼ということもありますね。

――なるほど。仕事に対して熱心なこと、とても素敵ですね。他に彼の素敵だなと思うところはありますか？

L：えーと、なんか他にと言われるとあまり出てこないですね…。

――今おっしゃっていただいたのは彼単体でも成立する特徴や良さだと思うのですが、Lさんに対する向き合い方や関わり方で好きなところなどはありますか？

L：たくさん会ってくれることですかね。あとはスキンシップを取ってくれます。

――Lさんはそれで愛されている実感を持っていますか？

L：そう聞かれると自信が持てないですね。そういえば、以前、彼との関係があまり深まっていないような気がして「本当に私のこと好きなのか分からない」と伝えたことがあるんです。その時に彼が「好きじゃなかったらこれだけ会ってないでしょ」と言われて、その時はそれで納得したんですが、やっぱりなんか違う気がしました。

――極端な話、会うことやスキンシップを取ることって何かしらのメリットや都合の良さがあれば愛情がなくてもできてしまうことなんです。何が愛情かを具体的に示すことは難しいのですが、きちんと愛情を感じている場合は、少なくとも不安にはなりません。

L：思えばずっと不安だったのかもしれないです。でも不安になる私がおかしいって自分に言い聞かせて、ずっと違和感に蓋をしていたような気がします。確かに彼は会ってくれるのですが、会う時は彼の都合で行く場所やすることを決めていることが多くて、私はそれに合わせてばかりだったんですよね。

――最初の方に占いの話をしていたじゃないですか。きっと彼との関係性において何かしら不安があるから占いに行ったのだと思うのですが、どうですか？

L：そうですね。占い師の方に彼について聞いていました。「彼はあなたに愛情がありますよ」と言っていただいてその時の不安は解消されたのですが、結局それはかりそめの安心感でした。あと私、彼のSNSを詮索してしまう癖もあって、やっぱり女性との絡みがすごく目立つんですよね。それも気になっていて、でも会ってくれているから大丈夫だって無理やり自分を納得させていました。

――もしも愛されている実感や確信があれば、不要な詮索をしたり占いで第三者に彼のことを聞いたりする必要がないんですよね。問題の本質は「なぜ愛されていないのにもかかわらずその関係性を手放せないか」ということです。これはおそらく先ほどおっしゃった5年ぶりに付き合えたということも関係しているのではないかと思います。やっと手に入ったものに人は執着しやすいですからね。「彼が好きだから付き合っている」というより、「私にはこの人しかいないと思っているから離れることができない」の方が近そうですね。

L：確かに「この人しかいない」って思ってしまっています。すごく今胸が痛いです。

――今の痛みを大事にしてください。そういった痛みや心の悲鳴を無視して現実逃避をするよりはよっぽどよいです。今Lさんにとって重要なのは、現実を受け止める勇気です。借金に例えるなら、現実逃避をすればするほど利子がどんどん膨れ上がります。その場をやり過ごすための一時的な返済よりも、長期的な視点での返済計画が必要です。単発バイトでその都度返済するのには限界がありますよね。継続的に収入が入ってくる安定した仕事に就く方が優先です。イメージは伝わりますでしょうか。

L：伝わります。私が今までしていたことは、問題の先送りでしかなかったということですよね。

――そうですね。とりあえず今は彼のことは放置でいいので、なるべく関わらず距離を置く方がいいと思います。自分自身の問題と向き合い、現状を受け入れる必要があります。

L：でも彼と会わないでいると不安に押しつぶされそうになってつらくなりそうです。

――おそらくLさんは会っている時もどこかで不安を感じているんですよ。彼と解散した後に喪失感や不安感が大きくなりませんか？

L：なります。会っているときはすごく楽しいんですけど、解散した後に謎の不安に襲われてしまいます。

――そうですよね。それって「会っている」という事実で不安を誤魔化している状態なんですよ。つまり純粋に会いたい気持ちで会っているのではなくて、不安で仕方がないからその不安を埋めるために会っているということです。しかも執着をしているので、基本的に自分の意見は言えず、彼に従ってばかりなのだと思います。つまり今のLさんにとって彼は自分を喪失させる存在でしかないということです。

L：なるほど。耳が痛いです。

――Lさんは一人でもできるような趣味はありますか？

L：そう言えばないかもしれないです。彼と出会う前はいくつかの趣味があったのですが、彼と付き合ってから全てやめてしまって今は彼が中心の生活になってしまっています。

――そうなると彼が自分のアイデンティティの中心になってしまっていますね。つまり、「彼氏といるときの私」というものが今のLさんのアイデンティティの多くを占めているということです。こうなると、彼氏の喪失が自分のアイデンティティの喪失になってしまいます。それはつまり生きる意味や拠り所を失うということです。したがって、これからはアイデンティティを複数持てるようにしていくことが望ましいです。具体的には、新しい趣味や新しい習い事を始める、何か目標を持って努力する、今まで以上に家族や友人との時間を大切にしてみる、コミュニティに入り交友関係を広げる、などです。アイデンティティがバランスよく複数あれば、一つ失ってもまだあるって思えて安心できるし、そういうセーフティネットがあれば、どんどん新しいことに挑戦しやすくなり、より人間的に魅力的になっていきます。

L：私が彼に対してすごく不安に思っているのに離れられない理由がよく分かりました。彼とすぐに別れる自信はないですが、もっと自分の人生に対して真剣に向き合いたいと思いました。

——自分の人生に対して真剣に向き合う、いいですね。もちろん今すぐ彼と別れる必要はありませんし、それは今のLさんにとってすごく難しいと思います。でもLさんがこれから新しく始めたことや、これから育てるアイデンティティが、きっとLさんを救ってくれると思います。少しずつでもいいので変えていくといいですよ。

MISHIRU POINT

1.

男性が不機嫌になっていたりストレスを感じたりしている時の最適解は放置。

2.

相手が不機嫌になった時に必要以上に気を遣ったり謝ったりしていると、相手は「不機嫌になれば優しくしてもらえる」と学習をし、不適切な言動が強化される。

3.

「今の関係をどう修復するか」という対処療法を考えるよりも「なぜこのような関係に許可を出してしまったのか」という自分の在り方を見つめ直すことが重要。

4.

時に訪れる不安は、会っている時に感じていた不安が顕在化されたもの。

5.

彼氏と別れられないのは、「彼氏といる時の私」がアイデンティティの大部分を占めているから。

Q2

シングルマザーで小学生の娘が一人います。仕事で出会った既婚者の人と関係があり、かれこれ3年くらいお付き合いが続いていて、くっついたり離れたりしています。なんかもう終わりにしたほうがいいのかなと思いつつ、なかなか離れられなくて、どうしようか悩んでいます。

Iさん（36歳　フリーランス）

――頭では離れたほうがいいと分かっていても、心が追いつかない感じですかね。そういう状態って苦しいですよね。今はどれくらいの頻度で会っているのですか。

I：私は今、彼と一緒だった前の仕事を辞めて半年以上経つのですが、そこから5回くらいしか会えてないんです。今までは会社で顔を合わせることができていたんですが、今は彼とつながる手段がＬＩＮＥのみで、だからＬＩＮＥの連絡くらいは頑張ってほしくて、せめて「おはよう」と「おやすみ」くらいは返してほしいんです。でも連絡が来なくなることが多くて、それにイライラしてしまいます。

――なかなか会えてないからこそ、連絡によるコミュニケーションがどうしても必要になりますよね。彼はなぜ連絡が返せなかったりするのでしょうか？

I：仕事が忙しくなったりするとどうしても連絡することが後回しになると言っていました。確かに元々連絡が得意じゃないタイプではあるんですけど、最近は特に頻度が減ってしまっています。

――連絡をもっとしたいという気持ちを彼に伝えたことはあるのですか？

I：ありますね。その時は「分かった」って言ってくれたりするんですけど、でも結局変わってくれないんですよね。

――そうなのですね。Iさんは彼とどうなりたいですか？

I：私は彼に離婚してもらって一緒になりたいと思っています。

――それを伝えたことはありますか？

I：あります。彼は「離婚するつもりで頑張っている」と言っていました。

――本当に離婚する気で準備を進めているのでしょうか？

I：正直よく分からないんですよ。一度は奥さんと離れて実家に帰ったらしいのですが、結局はまた奥さんのところに戻ってしまったみたいで。彼には小学生と幼稚園の子供もいるので、それもあって厳しいのかなって思います。

――なるほど。今回のような「既婚者男性との恋愛」についての相談もたまに受けるのですが、実際に相手の男性が離婚したケースを一度も聞いたことがないんですよね。やっぱり離婚してまで相手の女性と一緒になるメリットは基本的にないのだと思います。それに離婚をするとなると、やっぱり世間の目は気になるし、養育費や慰謝料などの経済的な負担もあるし、何より子供の存在は大きいですよね。

Ｉ：私も頭では分かっているんですけど、なんか期待しちゃうんですよね。彼が私に全く気持ちがないって分かればいいんですけど、誕生日に「おめでとう」の連絡をしてきたり、会った時にプレゼントをくれたりするんですよ。何考えているんだろうって思います。もういっそのこと「離婚できない」ってはっきり言ってくれればいいんですけど、それも言ってくれないんです。私もはっきりしてほしいと伝えたのですが、そしたら「じゃあ俺と離れたいの？」と言って責任転嫁してくるんです。ずるいです、ほんと。

――それはモヤモヤしてしまいますね。彼は何とかＩさんの存在を繋ぎ止めおきたいから、かりそめの一時的な愛情を与えますよね。これはとても厄介だなと思いました。

Ｉ：だから毎回期待しちゃうんです。この状況、ＵＦＯキャッチャーみたいだなって。手に入りそうで、手に入らないんです。今までかけてきたお金とか時間のことを考えると、手に入るまでどうしてもやめられないんですよね。執着ですね完全に。

――UFOキャッチャーの例え、とても分かりやすいです。今までかけたコストを回収しようとしても、回収できないところから執着って生まれますよね。ちなみにIさんは彼のどういったところが好きなんですか？

I：どういうところが好きか、ですか。会社で一緒に仕事をしていた時はすごく私を理解してくれたんです。愚痴とかを唯一話せる人でした。でも今は私の気持ちを分かってもらっている感覚はないし、そもそも自分の気持ちもよく分かりません。彼は全然私に向き合ってくれないのに、なんで私ばっかり頑張っているんだろうって思っちゃうんです。これは好きじゃないのかもしれないですね。

――好きというよりやっぱり執着に近いと思います。執着している状態ってやっぱりどうしても見返りを強く求めてしまいますよね。今までかけたコスト分の成果が欲しいだとか、私がこれだけ頑張って向き合っているからそれと同じくらい向き合ってほしい、みたいな感じで。

I：まさにそんな感じです。この執着心とどのように折り合いをつけていけばいいのかよく分からないです。

――今Iさんは損失感がすごく大きいんだと思います。だから、損失の部分を一旦認めた上で、今までの関わりの中で得たものとか、気づいたこととか、経験できてよかったこととか、そういったことに目を向ける必要がありますね。

I：そうですね。今思うと、私は彼のことを愛していたつもりが、愛していませんでした。私は母親として子供に愛情を注ぐのは何も苦しくはないのですが、彼に愛情を伝えたり喜ばせようとしたりする度に苦しくなることが多かったです。しかも実際に「頼んでないし、やってあげている感を出されると鬱陶しい」と言われ、嫌がられることもありました。私は彼に対して、自分がされたいことをしていたんだなって気づけました。愛ではなく執着だったから苦しかったのだと痛感しています。

――それはすごく大事な気づきですね。

I：でもどれだけ今までの関わりの中で学んだことがあったとしても、この執着心が消える気がしないんですよ。

――前に進むのって中々できないですよね。無理に執着心を消す必要もないと思いますよ。

I：でもやっぱりずっとモヤモヤしているこの状況が苦しくて、なんとか早く立ち直りたいって思ってしまうんです。

――そうなのですね。結局人間が完全に前を向けるタイミングって「この経験や学びがあったおかげでこれが上手くいった」みたいな感じで、何らかの成功体験で過去を上書きできた時だと思うんですよ。Iさんの学びを今後の役に立たせたり、意味あるものに変えられたりできることって何かありますか？

I：それで言うと、私はフリーランスで占いのような仕事をしているので、自分の経験を活かしやすい立場ではあるのですが、なんか相談に来る人に助言をするたびに苦しくなってしまう自分がいるんですよね。

――それはどういう苦しさなんですか？

I：例えば恋愛の相談に乗っている時に、「その相手とは離れた方がいい」と伝えるとするじゃないですか。その時に頭の中で「あなたはできてないじゃん」って言ってくる自分がいるんです。お客さんに対して伝えている言葉が自分に返ってきて、それで自分を責めてしまって苦しいんです。

――Iさんは言動に責任を持とうとしているってことですよね。それはすごく誠実なことです。でもプライベートと仕事は別であるし、責める必要はないと思います。

I：そうですかね。お客さんの前では完璧な自分でいたいというか、弱々しくて情けない自分を隠して助言している自分に嫌気が差すことがあります。

――それなら無理して助言をしなくてもいいんじゃないですか。Ｉさんだからこそできる寄り添い方があると思っていて、今回の彼との件で「頭では離れた方がいいと分かっていても離れられない」ってことを痛感しているじゃないですか。離れることの難しさやそういった状況への深い理解がある人の共感ってすごく重みがあるし、相談に来てくれた人と近い距離感で分かり合えると思うんです。

Ｉ：確かにみんな分かっていてもできないというところで苦しんでいますもんね。

――たとえ、話を聞いて助言する立場であっても弱みって見せてもいいと思うんです。少なくとも僕は完璧なロボットみたいな人よりも不完全で人間味がある人を信頼しますよ。

Ｉ：弱みを見せるってすごく勇気がいりますね。私はたぶん自分を許すことが苦手なんだと思います。なんか自分を許してどうなるの？　って考えてしまうんですよ。そんなに自分を甘やかしてこれからいいことがあるのだろうかって。

――結果や未来を考えてしまうということですよね。でもどうせ未来のことって分からないし、今Iさんがつらいなら、今そのつらさに優しく寄り添って少しでも癒していくことが優先すべきことじゃないですか。「執着している時ってつらいよね」「自分を許すって難しいよね」みたいな感じです。そういう共感的な関わり方は、他者に対してだけでなく、自分に対しても必要だと思います。

I：早く効率的に執着を消す方法ばかりを考えていて、今の自分を全く見ることができてなかったです。もっと今の自分に優しい言葉をかけていくことが必要だということですね。もし他にもそういう方法があれば教えていただきたいです。

――人を愛することですね。

I：人を愛する、ですか。

――僕は他者を愛することも自分を愛することも根本は変わらないと思っています。大切な他者を愛しているとき、それは同時に自分をも愛していることになるんです。小学生の娘さんがいらっしゃいますよね。

I：はい。小学校5年の娘ですね。

――もちろんすでに愛しているのだと思いますが、より一層意識するといいのかもしれません。

I：そういえば最近は、娘に対して愛が足りてないなあって今思いました。

――そうなんですか？

I：現在私は実家暮らしなのですが、私の母が完全に昭和の価値観の人間なのですぐ娘に怒るんです。例えば「学校帰ってきたら宿題を先にやってから好きなことしなさい」とか「遊んでばかりいないで勉強しなさい」みたいな感じで。だから娘が母から怒られないようにするために私が先に注意するようになってしまっています。あとは娘が「学校に行きたくない」って言った時も母が無理やり行かせようとするんですよね。私は娘の気質的にもそんなに厳しくしなくてもいいと思っていて、それを母に伝えているのですが、なかなか分かってもらえなくて喧嘩になることが多いです。それで穏便に済ますために娘の方に口うるさく言ってしまうんですよね。実家を早く出ればいいんですけど、今はなかなか余裕がなくて。娘には申し訳ないなと思っています。

――そうなのですね。娘さんはその厳しさに納得しているのでしょうか。

I：納得してないと思います。「ママだって自分のことできてないじゃん」って言われたりもして、だんだんと言うことを聞いてくれなくなってきています。

――なるほど。母親と考え方が違うことなど、そういった事情は説明しているんですか？

I：説明してないですね。

――そうなるとIさんは自分の意志とは無関係に注意しているということですよね。それはIさんにとっても娘さんにとってもあまり好ましくないんじゃないですか。

I：おっしゃる通りです。やっぱり娘にもちゃんと向き合って本音で話したほうがいいですよね。

――Iさんなりに誠意を持って伝えれば分かってくれると思いますよ。「今はおばあちゃんの家に住まわせてもらっているから、おばあちゃんの言うことを聞かないといけないんだよね。ごめんね。ママも仕事行きたくない時があるし、気持ち分かるよ。もっと自由にさせてあげられるようにこれから頑張るからね」みたいな感じで、気持ちに寄り添いながら丁寧に説明できるといいですよね。

I：そうですね。ちゃんと話そうと思います。母がうるさいからと言いつつ、私もイライラをぶつけてしまうことがあり、反省です。伝え方がすごく難しいなと思います。例えば娘から「ママだってできてないじゃん」と言われた時ってなんて返せばいいんですかね。

――素直に「そうだね。ママもできてないね」と認めてもいいのではないでしょうか。母親である前にIさんも一人の人間ですし、できないことがあるのは当然です。大事なのは「やりなさい」ではなく「一緒にやろう」「お互い頑張ろう」って姿勢を見せることだと思います。

I：私は母親という役割を背負いすぎていたのかもしれないですね。母親だからしっかりしないといけないっていう固定観念があった気がします。

――子供に対して大人は、自分が背負っている役割から降りて、不完全な部分を見せていくことが重要だと思います。子供にとって親とか教師とかっていまいち実態が見えない未知な存在で、だから子供は大人との正しい距離の測り方や頼り方がよく分からないでいるんじゃないかと。もっと大人は子供に弱みを見せていいし、もっと子供を頼っていいはずです。その方がきっとお互いのためになります。だから僕はよく母親をやられている相談者の方に提案するんですよ。「子供に相談す

ると いいですよ」って。相手に勇気を出して相談するってそれは信頼の証だし、頼ってもらえる側は自信になると思います。

I：子供に相談するって選択肢はなかったです。確かにそうかもしれないですね。なんか最初は彼の話をしていたのに、仕事の話や家庭の話にもなって不思議ですね。でもどれも問題が共通しているような気がしました。

――それはなんだと思いますか？

I：許せないってことですかね。私は自分が頑張らないことを許可できてないのだと思います。だから私のために頑張ってくれなかった彼のことが許せなくて執着をしてしまったんだと気づきました。

――すごく本質的な気づきですね。意思で全てができないのが人間ですからね。仕事も母親も全て完璧を目指しすぎず役割を担いすぎず、もっとIさんらしく生きていってもいいのではないですか。

I：そうですね。自分の弱さを知るところから始めてみようと思います。自分の課題が分かってすごくスッキリしました。長々と聞いてくださりありがとうございました。

MISHIRU POINT

1.

今までかけたコストを回収できないところから執着は生まれる。そもそも見返りを求めなければならない関係は執着になりやすい。

2.

執着から抜け出すためには、損失の部分を一旦認めた上で今までの過程の中で得てきたことに目を向ける必要がある。

3.

自らの経験や学びを何らかの形で役に立たせたり意味あるものに変えたりできた時に人は完全に前を向くことができる。

4.

他者を愛することも自分を愛することも本質的には変わらない。大切な他者を愛している時、それは同時に自分をも愛していることになる。

5.

意思で全てができないのが人間。執着の一つの原因は、自分の弱さを許せないこと。

見極め・モラハラ

MORAL HARASSMENT

人生というのは時に矛盾と皮肉にまみれたもので、何かを求めれば求めるほどそれは手に入らなかったり、求めるのをやめた途端にあっさりと手に入ってしまったりします。これは真理なのか不条理なのかよく分からないのですが、あるカウンセリングで実に興味深い気づきを得ました。

その相談はモラハラ夫に日頃からひどい暴言や暴力を受けているという内容でした。基本的にそういった場合の解決策は「離れる」になることが多いと思うのですが、すでに家庭にはお子さんが二人いて、子供のためにも離婚という選択はないとのことでした。そこでカウンセリングの中で僕たち二人が導き出したのは「むしろモラハラを歓迎してみる」という非常識的な結論でした。その翌日から、その女性は腹を決め、暴言や暴力を受ける度に、「ありがとう。嬉しい。もっとしてほしい」と伝え続けたようです。すると不思議なことに、段々とその夫のモラハラは無くなっていき、とても良好な関係性に変わったという報告をその後に受けました。

彼女は言いました。『夫はきっと寂しくて、愛されたかったんです。でもそれを適切に表現することができなかったんです。素直になることができなかったんです。そして、そういう自分も受け入れて欲しかったのだと思います。夫に暴言や暴力があろうと、それも含めて無条件に受け入れようとする姿勢が必要だったのだなと気づきました。また、私が「モラハラを歓迎する」という常軌を逸した行動に出たことで、彼は呆気に取られ、冷静になり、自分の異常な行動について客観的に自覚したようです。今までの私も、すぐに言い返したり、あるいは無視したりしていたのがいけなかったのだと分かりました。』

もちろんこれは極端で特殊な例であり、万人に共通するものではないですが、非常に示唆に富むものだなと思いました。

「追い求めれば追い求めるほど手に入らない。求めるのをやめた瞬間にあっさりと手に入ってしまう」

この事例で言えば、モラハラ夫が変わることを求めなくなった途端に、あっさりとモラハラが治ってしまうということです。

これに近いような現象を、きっと僕たちは人生の中でいくつか経験しているのではないでしょうか。

どうでもいいと思って関わった相手ほど異常に好かれたりとか、復縁を諦めた途端に元恋人から連絡が来たりとか、愛されることを要求しなくなってから愛されるようになったりとか、そういうことってありませんか。

あるいは反対に、絶対に好かれたいと思った相手ほど全く振り向いてくれなかったりとか、元恋人に縋り続けていたら連絡が来なくなったりとか、愛されたいって思っている時ほど不誠実な人に惹かれてしまったりとか、そういうことってありませんか。

不思議なことに、恋愛のありとあらゆることは、どうしても欲しいと強く願うほど、それは掌からするするとこぼれ落ちてゆく。そして忘れた頃にその欲しかったものは目の前にひらひらと舞い落ちてきて気がつけば手の中に収まっている。

自分で満たせるところは満たし、いかに渇望しないか、いかに執着せず脱力できるか。それが恋愛を含め、生きていく上で必要な態度なのかもしれません。

とても身も蓋もない話をしてしまいました。

相談者との対話では、もう少し現実的で、有益で、実践可能性の高い形にしていこうと思います。

おそらくこの項は、一部の読者にとって、厳しい言葉が並んでいるかもしれません。しかし結局のところ人間は痛みなしで変わっていくことはできません。あなたが大きな痛みを感じたとするならば、その大きさの分だけ、大きく成長し、学び、恩恵を受け取ることになります。

痛みを避けず、むしろそれを心地よい痛みとして引き受け、文章を読んでほしいと思います。

Q1

自分は絶望的に男を見る目がなくて困っています。友達から「やめた方がいい」と言われる人ばかり好きになってしまって、誰と付き合ってもあんまり長続きしません。どんな人と付き合えばいいかが分からなくなっています。

Wさん（26　福祉関係）

——今まで付き合ってきた人はどんな人だったのですか？

W：完全に遊び目的な男性が多かったです。あとは話し合いができない人とかもいました。

——なるほど。それで友達から「やめた方がいい」と言われてきたわけですね。どんな人と付き合えばいいか分からないとのことですが、Wさんはどんな人と付き合いたいのですか？

W：うーん、私はどんな人と付き合いたいのですかね。こういう人とは付き合わない方がいいっていうのはだんだん分かってきてはいるのですが、そう聞かれると難しいですね。強いて言うなら一緒にいて楽しい人ですかね。

――Wさんにとって一緒にいて楽しいとはどのような状態のことを指しますか？

W：会話が居心地よいとか、話が合うってことでしょうか。あとは優しくてリードしてくれるような人がいいなと思います。

――これまで関わってきた人で、会話が心地よいとか、話が合うなって思える人ってどんな特徴を持った人でしたか？

W：パッと思い浮かばないです。すみません。

――いいですよ。教えてくださりありがとうございます。今聞いた感じだと、付き合いたい男性像が漠然としていますよね。こういう場合だと、相手を選ぶ上での自分なりの判断軸が持ちづらいので、結局「なんとなく一緒にいて楽しい人」を選んでしまいがちなんですよ。

W：確かにそうかもしれないです。

――しかもそれは多くの場合、Wさんが先ほどおっしゃったような「遊び目的の男性」になります。遊び目的の男性は、遊び慣れているため、楽しさを提供することは容易にできてしまうんですよね。多くの人が「一緒にいて楽しい」を『相性がいい』と捉えているのですが、それは全く別問題だと考えた方がいいです。多分そういう男性って、先ほどWさんがおっしゃったような「リードしてくれる男性」だと思うのですが、どうですか？

W：まさにそんな感じですね。お店選びとか全部してくれるし、それに毎回必ず奢ってくれました。

――それから、距離を縮めるのがはやくて、積極的にアプローチしてくれる感じですよね。

W：はい。そうです。

――彼らはWさんに質問をしてくれたりとか意見を丁寧に聞いてくれたりはしましたか？

W：そう言えば、あまり聞かれなかったかもしれないです。私が自分の意見を言うのが苦手っていうのもあったのですが。

――そうですよね。つまり、「積極的なリード」と「自分勝手さ」というのは紙一重なんですよ。もちろん、相手の気持ちを聞いたり配慮したりしながら柔軟にリードしてくれる男性もいるのですが、Wさんがこれまで関わってきた男性はそうではなかったということですよね。

W：そうですね。私は相手の自分勝手さに甘えていたのだと思います。相手に合わせているのが楽で、あまり自分を出していませんでした。もっと自分の意見とかを伝えた方がいいってことですよね。

――はい。自分の思っていることを伝えなければ、相手にWさんの人間性を理解してもらえないですからね。男性はまず女性の外見的な印象で好きかどうかを判断する傾向にあるのですが、その外見的な印象から勝手に自分の理想的な幻想を作り上げ、そのフィルターを通して相手の女性を見てしまうパターンが非常に多いんですよね。付き合った後で「そんな人だとは思わなかった」とか「思っていた人と違った」みたいなことを言う男性がいますが、それは自ら勝手に幻想を作り出してしまった男性側の問題と、その幻想を破壊できなかった女性側の問題の双方が重なった時に起きます。

W：付き合うまではすごく好きでいてくれたのにもかかわらず、付き合ってから途端に気持ちが冷める人が多くて、そういうことだったんですね。

――そうですね。Wさんの伝えることに対する苦手意識の原因って自分で分かっていたりしますか？

W：なんでしょう。相手にどう思われるかどうかを気にしているのだと思います。嫌われるのが怖いのかもしれません。

――これまでに何かを伝えたことによって嫌われたことがあったのですか？

W：そう聞かれると、あまりない気がします。私は何を恐れているのかよく分からないですね。

――もしかしたらそれは、自分の話をしっかりと聞いてもらったり、受け止めてもらったりする経験があまりないことからくる漠然とした恐怖感なのかもしれません。

W：基本的に自分の意見を伝えることがなくて、質問されたとしても、何となく相手が求めていそうなこととか、それっぽいようなことを言っている気がします。だから人と会っている時も聞き手になることが多いです。それは聞き手でいる方が楽だからです。そもそも、自分でも自分が何を考えているのかよく分かってないかもしれないです。

——自分がしたいこととか自分が好きなこととかを伝えたりしないのですか？

W：好きなことは聞かれたら答えられるのですが、したいことに関してはすぐに「何でもいいよ」って言ってしまいますね。常に相手がしたいことを優先しています。

——なるほど。やっぱり人に合わせることが多いってことですよね。その人と合わせてしまう原因ってどこから来ていると思いますか？

W：もしかしたら家庭環境からきているかもしれないです。私の家族はみんな仲が悪くて、いつも誰かが喧嘩をしていて、私はずっと顔色を伺いながら過ごしてきました。親の機嫌が悪そうだったら、察して家事とかを手伝ったりとか、両親が喧嘩した時は私が仲介に入って話を聞いたりとかしていました。そういうのが人に合わせてしまう癖になっているんだと思います。親の前では、自分の意思を出すことが許されませんでした。何か私が言うたびに「そういうのをわがままって言うんだよ」とか「忙しい時にそういうことを言わないで」と怒られました。私はだんだんだんと自分の意思を殺すようになりました。自分の意見を持たず、感情を出さず、波風立てないように過ごすようになりました。そしたら親から怒られることは減っていきました。学校でも、本当の自分を出さずに常にニコニコしていれば、先生や友達とは上手くいったし、ずっとそれでいいと思っていました。でも今振り返ると、私はずっと孤独でした。人からは好かれるし嫌われることはないんですが、なんか上っ面だけの関係な気がします。人と深く繋がることができていないですね。

――そうだったのですね。話してくださってありがとうございます。今の自分がどのようにして形成されたか、自分の問題はどこから来ていたのか、それらを知り、自覚することはこれから生きていく方向性を明らかにしていく上で必要です。Wさんの人生におけるこれからの課題って何だと思いますか？

W：人に合わせすぎないで、自分を出していくことだと思います。でも今までやってこなかったことなので、どのようにしていけばいいかが分かりません。

――自分を出していけるようになるためには、意識的な対象との関わりや触れ合いが必要だと思っています。対象というのは、気の許せる人や、心がやすらぐ場所や、面白いと思える作品などです。そしてそれらの対象と関わっている時の自分の感情や状態を細かく観察し、問いを立てたり言葉にしたりするといいです。例えば、「なぜこの人といると素直でいられるのだろう」とか「この場所のどういうところが好きなのだろう」とか「この作品はなぜここまで私の心に響くのだろう」みたいな感じです。今の例は「快についての探求」ですが、同じように「不快についての探求」も必要です。それは主に他者との関わりの中で生まれてくることが多いですが、例えば「なぜこの人といると心が窮屈になるのだろう」とか「この人への違和感ってどこからきているのだろう」みたいな感じです。そうやって、自分の中で生まれてくるもの一つ一つに関心を持ち、気づきを拾い上げ、言葉にする。それを繰り返していくと、徐々に自分を表現する土台、いわゆる「自分軸」みたいなものが内側に形成されていきます。

W：なるほど。私は自分に対して矢印が向いてないような気がしました。常に他者を優先し、周りにどう思われるかを気にして、合わせたり気を遣ったりしていましたね。完全にこれは他人軸ですよね。

――むしろ他人軸を使えることはWさんの強みなので、それを丸ごと否定する必要はありません。大事なのは、自分軸と他人軸のどちらかに偏りすぎず、両方を状況や目的に応じて使い分けられることです。自分軸ばかりだと、それはそれで全く社会性や協調性がない人になってしまいますし。

W：相手に合わせすぎている自分が全て悪いわけではないってことですね。そう言ってもらえると安心します。

――Wさんが自分を出せないというのは、表出しようとしている感情や考えに自信が持てないからだと思うんですよ。先ほど、「自分でも自分が何を考えているのかが分からない」とおっしゃっていましたよね。これは自分の中で生まれた反応を無視してしまっているところから来ているのかもしれません。だからこれからは、自分の中で生まれた反応を無視せず「これは私自身の感情や考えだから全て尊重していい」と認めていくといいですよ。自分の中から生まれた反応に悪いものはありません。何を感じるのも、何を思うのも、それは自由です。

W：今の話を聞いて、幼少期の時の自分を思い出しました。振り返ると、その時本当は色々な感情があったと思うんです。「寂しい」とか「悲しい」とか「嫌だ」とか、そういうマイナスな感情を全く受け取ってもらえなかったから、「マイナスなことは思っちゃいけないんだ」「こうやって思ってしまう私がおかしいんだ」って考えていた記憶があります。だから私はなるべく感情とかを抑圧したり、殺したりして生きてきました。でもそうすると、「嬉しい」とか「楽しい」って感情も同時に薄まっていくんですよね。だから私は自分がしたいことがよく分からないんだなって今気づきました。

――今の気づき、すごく大事ですね。人間って不幸を感じないようにすると、幸福も感じないようになってしまいます。そしてそれに伴い意思も失っていくんですよね。

だからやっぱり感情には素直になるといいし、相手にも素直に表現できることが大切だと思います。ところでWさんは完全に孤独になれる時間ってありますか？

W：孤独になれる時間、ほとんどないかもしれないです。休日は絶対に誰かとの予定を入れたくて、なるべく一人の時間を作らないようにしてしまいます。

――それはなぜですか？

W：一人になるとどうしていいか分からなくなるんですよね。

――なるほど。多分それも今まで話していた「合わせてしまうこと」や「自分がどうしたいのかが分からないこと」と関係していますよね。孤独な時間を他者で埋めようとする生き方は、他者に依存しやすい状況を作りやすいです。確かに最初は孤独な時間の過ごし方って分からないと思います。でも街や自然の中をゆっくりと散歩しながら何をしたいかを考えてもいいし、今までしてなかったことを片っ端からしてもいいし、とにかく大事なのは「自分自身と過ごしている感覚」を得ることですね。自分も大切な一人の他者だと思って、自分と対話しながら、一緒の時間を過ごしていくといいです。孤独に対して悪いイメージを持つ人が多いですが、孤独そのものは自由で豊かで贅沢なものだと思います。

W：分かりました。これからは孤独な時間も作っていきたいと思います。

――はい。ただこれは誰かと関わらない方がいいということではなく、むしろ誰かとの適切な関わりも同じくらい必要なんですよね。それも全てを自分勝手に決めるような人ではなくて、Wさんに対して寛容でいてくれて尊重してくれる人です。そういう存在はいますか？

W：高校から仲がいい親友がいます。最近は全く会えていなかったのですが、なんかミシルさんと話していくうちに会ってみたくなりました。彼女はどんな私も無条件に受け入れてくれると思います。でも、ちゃんと私自身がまだ本音を出し切れてなかったような気がするので、もっと色々なことを話してみたいです。

――いいと思います。絶対に話を否定しない人に自分の本音を聞いてもらう機会があることが大事です。カウンセリングやコーチングを定期的に受けるのも効果的です。もし僕でよければ気軽に申し込んでください。

W：ありがとうございます。また話を聞いてもらうと思います。なんか恋愛の問題がこういった自分の問題に繋がっているとは思わなかったです。私がどれだけ色々な人とアプリで知り合っても一向に上手くいかない理由が分かりました。いい人に出会えるように相手をどんどん替えていけばいいと思っていましたが、それだけではいけないんですね。

――恋愛の問題は相手の問題ではなく、突き詰めるとほとんど自分自身の問題であると僕は考えています。しかも、自分の問題と向き合い、自分への理解が深まっていくと、だんだんと他者のことも理解できるようになっていきます。なぜなら、基本的に人間は、自分の理解していることしか、相手の中に見てとることができないからです。僕は人間に関する多くのことを、自分の中からヒントを探して理解してきました。他人の頭の中や心については、どこまでいっても完全に理解することはできません。でも、自分のことに関しては、努力した分だけ覗き込むことができます。だから、相手を見極めたり、いい人を選んだりしようとする前に、自分自身のことをまっすぐ見つめていく必要があります。

W：これからは自分のことにも目を向けていこうと思います。話を聞いてくださりありがとうございました。

MISHIRU POINT

1.

男性は女性の外見的な印象で好きかどうかを判断する傾向にある。その外見的な印象から勝手に自分の理想的な幻想を作り上げてしまうので、こちら側が上手くその幻想を破壊してく必要がある。

2.

自分の中で生まれてくるものに関心を持ち、言葉にしていくと「自分軸」が内側に形成されていく。

3.

人間は不幸を感じないようにすると、幸福も感じないようになり、意思も失っていく。

4.

孤独な時間を他者で埋めようとする生き方は、他者に依存しやすい状況を作る。自分も大切な一人の他者として自己対話しながら一緒の時間を過ごすとよい。

5.

恋愛の問題は突き詰めると自分自身の問題に帰結する。

Q2

彼との関係がなかなか上手くいきません。私がもっと彼の気持ちを分かってあげられればいいのですが、よく怒らせてしまいます。私のこれからの関わり方をどのように改善していけばいいかアドバイスいただきたいです。

Uさん（23　看護師）

——彼を怒らせてしまうのですね。例えばどんな時に、彼が怒ってしまうのですか？

U：例えば私が待ち合わせに遅刻した時とかにすごく怒りますね。

——それはどれくらいの時間遅れるのですか？

U：10分くらいです。最近は私も気をつけられるようになったのですが。

――それだけで怒るのですか？　僕だったら全然気にしない範疇ですが。

U：はい。「お前は時間の価値を分かってない。人の時間は有限だから。俺は仕事が忙しいのにわざわざ時間を作ってあげているんだぞ」って言われてしまって。私も必死に謝るんですが、なかなか許してくれないことが多いです。それから、彼とドライブに行くことがあるのですが、たまに少し運転が荒い時があって、例えばスピードを出しすぎていたりとか、歩行者や他の車に悪態をついていたりとかです。その時に私は注意をしたのですが、「免許持ってない人に言われたくない。お前は細かいことを気にしすぎなんだよ。運転してもらっている立場なのに、そんなことも許せないんだね」って怒らせてしまいました。あとは私が仲のいい男友達の話を彼にした時に「そんなにそいつのことが好きならそいつと付き合えばいいじゃん」と言われました。「そういうつもりで話してないよ」って伝えたんですけど、全然分かってもらえなくて、その後ずっと彼は不機嫌で、無視されて続けてしまいました。私もだんだん彼とどのように関わっていけばいいのか分からなくなって、「私は何を直したらいいの？　これ以上怒らせないようにしたいから事前に嫌なことを全部教えてほしい」と彼に伝えたんですけど、「そんなの自分で考えなよ。人に教えてもらわないと何もできないの？　自分のことを大切にしてないから、俺のことも大切にできないんだよ」って言われて、余計に混乱してしまって。毎回彼を怒らせてしまう私って本当にダメだなっていつも反省するんですが、なかなか関係が良くなりません。すみません、なんか一方的に話してしまって。

——いえ、大丈夫ですよ。具体的に教えてくださりありがとうございます。彼との関係ですが、これから良くなることはおそらくありません。なぜならその彼は完全なるモラハラ男性だからです。これはUさんだけでどうにかできる問題じゃないんですよね。

U：これってモラハラなんですか…？　でも彼は私のためを思って言ってくれているところもあるはずなんです。

——それは彼がそのように伝えているのですか？

U：「お前のためを思って」とよく言われますね。

――それって本当にUさんのためを思って言っていると思いますか？「お前のため」は「自分のため」です。本当に相手のためを思っている人は決して「お前のため」なんて言わないんです。それを言うのは自分の言葉に従わせたい時だけです。

U：そうなんですかね。でも彼は元々すごく優しかったし、彼がこうやって怒りっぽくなったのは完全に私のせいなんですよ。

――元々優しかったのですね。彼とはどのように出会ったのか、付き合うまでの経緯とかを教えてもらってもいいですか？

U：SNSで出会いました。私は元々彼の発信をよく見ていたフォロワーでした。すごく言葉に説得力がある人だなって思っていて、それである時、私が彼のアカウントに相談のDMを送ってみたんです。フォロワーが多いから、絶対に返ってこないだろうなと思ったのですが、すごい長文で丁寧に返答をしてくれて、見ず知らずの他人にこんなに親切にできるんだって感動したんですよ。そこから雑談とかもメッセージでするようになって、彼から会いたいって言われて会いました。知らない間にお店を予約してくれるし、ネイルとか髪型とか服装とかたくさん褒めてくれるし、細かい気配りもあって、デート代も全部出してくれて、すごく優しくて完璧な人でびっくりしました。その後も積極的にアプローチしてくれて、すぐに彼から告白してくれてお付き合いに至ったという流れですね。優しい彼を知っているので、そんな彼を怒らせてしまっているのは、私に原因があるんじゃないかって考えています。

——そうだったのですね。Uさんにとって付き合う前の彼は確かに優しくていい人に感じられるかもしれませんが、序盤からも完全にモラハラ男性の特徴に当てはまっています。

U：そうなんですか？

——モラハラにも分かりやすいモラハラと分かりにくいモラハラがあって、彼の場合は後者ですね。前者の場合は、例えば「店員さんへの態度が悪い」「悪口や文句や見下し発言が多い」「いきなり話を遮って否定してくる」みたいな感じなので見極めやすかったりするですが、後者の特徴は「最初から優しすぎる」「初っ端から異常なほど印象がいい」というのがあります。彼らは自分の内に潜む悪や劣等感などを必死で隠していて、それを最初から出してしまうと相手を支配できなくなるので、序盤は愛と正義の言葉を語り、善良な人間の仮面を被って登場することが多いです。でも実際よく見ると、張り付いた笑顔みたいな不自然さがあったり、言動が完璧すぎて人間味を感じられなかったりするんですよ。

U：そういった視点は全くなかったです。彼の発信内容とかを見ていても、すごく真っ当な主張ばかりだったし、完全にいい人だって思い込んでいました。私、すぐに人を信じてしまうというか、疑うことを知らないかもしれないです。彼とは別れた方がいいのでしょうか？

――別れるかどうかはUさんが決めることですね。ただ、このまま彼と付き合い続けたとしてもUさんが幸せになれると僕は思わないです。

U：そうですか…。

――Uさんは彼と付き合い続けてから体調などに変化はありませんか？

U：そう言えば、夜にあまり寝られなくなりました。あとは生理不順にもなっています。

――ストレスを抱えているということですよね。体調が何よりの証明です。よくない恋愛をしている場合は、ちゃんと身体に不調が出ます。でも彼と別れたくないから、そういう明らかな不調でも無視していたと思うんですよ。

U：そうですね。ただ私も一度別れようと思ったこともあって、彼のことを知っている人や会ったことがある人に相談をしました。そしたら「彼はそんなひどいことを言わないと思うよ」とか「ちゃんと向き合ってないからじゃない？」って言われてしまって、やっぱり私がおかしいのかなってなりました。

――モラハラは基本的に外面が良くて、周りからの評判もいいので、中々信じてもらえないことが多いですよね。

U：そうみたいです。でもその時なぜか「彼と別れなくていいんだ」って安心してしまっている自分もいました。変ですよね。今もミシルさんの話を聞いて、別れないといけないって頭では分かったのですが、同時にやっぱり好きだし別れたくない気持ちがあります。前の優しい彼に戻ってほしいってどうしても思ってしまうんですよね。

――基本的に前のような彼に戻ることはないです。ただ彼と別れた後に「やっぱり俺が悪かった。反省しているから戻ってきてほしい」みたいな感じで、優しい仮面を被り直して再登場してくるケースは多いです。でもその場合は、また同じことが繰り返されます。

U：そうですよね…。別れようと思います。なんか私、ほとんど恋愛経験がなくて、今回の件もどうしたらよかったのか分からないです。

——今回の場合は、どうしようもなかった部分が大きいです。彼のモラハラは、よっぽどの人じゃない限り発動していたと思います。ただ、そういう人はそもそも彼みたいなタイプの男性とお付き合いをしないし、モラハラ側も支配できそうな従順な人を選ぶんですよね。

U：なるほど、耳が痛いです。また同じようなことにならないように、恋愛での男性との関わり方や見極め方などを詳しく教えていただきたいです。

——分かりました。まず人間への見方においての基礎的な部分からお話ししますね。先ほどUさんが「いい人だと思い込んでいた」とおっしゃっていたと思うのですが、そもそも「いい人」「悪い人」というような二分法だけで相手を見ないことが重要です。なぜなら、100%いい人も100%悪い人もいないからです。全ての人間が、いい部分もあるし、悪い部分もあります。それは関係性や状況で変わります。だからすぐに「いい人だ」というジャッジをするのではなく、なるべく中立的な立場で相手のことをゆっくりと知っていく必要があります。「いい人だ」というジャッジをした瞬間から、本来は感知できるはずの違和感をスルーするようになってしまいます。人間は信じたいものを信じようとしますからね。

U：そうなると、もしかしたら悪いところもあるかもしれないって疑って見ていく方がいいのでしょうか？

——無理に疑う必要はありませんよ。それによって不快にさせてしまう恐れもあるので。悪いところを探すというより、お互いの不完全な部分を見せ合うというイメージですね。例えばモラハラの場合はプライドが非常に高いので、自ら欠点や弱さを見せることは滅多にありません。分かりづらいタイプのモラハラを例にしますが、彼らの口から出てくる言葉の多くは仕事の実績や高尚な響きを持つビジョン、愛に溢れた綺麗な言葉、道徳的に正しい主張などです。

U：まさにそんな感じでした。だから純粋にすごいなあと感心していました。

——完璧かどうかとか、すごくいい人に見えるかどうかよりも、ちゃんと短所もあって人間的な部分が見える人の方が僕は信用できると思います。

U：それって例えばどういう感じですかね？

——例えば、緊張しているとか、少し戸惑う様子があるとか、失敗談や悩みを話してくれるとか、思わず笑みが溢れたり照れたりする瞬間があるとか、そういったことですね。あとは瞳に光や温もりがあるかどうかも見ておくといいですね。

U：分かりました。これから意識して見ていくようにします。

——それから、付き合う前のコミュニケーションにおいては、嫌なことや許せないことを共有しておくことが重要です。例えば、「今までで一番怒ったことって何？」とか「元恋人とはどういうことで喧嘩した？」みたいなことを質問すれば、相手が嫌なことや許せないことを知ることができ、事前に喧嘩や衝突を避けやすくなります。好きなことが一致していることよりも、許せないことが一致している方が、関係性は長続きしやすいです。

U：そういう会話は全くしてこなかったです。そもそも自分も何が嫌で何が許せないかをあまり把握してないなと今思いました。

――人は自分が答えられないものは相手に質問しづらいですよね。そういう意味で言うと、やっぱり自分の価値観などを詳しく把握しておくことは必要ですね。自分への理解があれば、意見も伝えやすくなります。人と関わっていくと相手と意見が違うことも出てくると思うのですが、その時に違いを恐れずに伝えられるといいです。なぜかと言うと、その時に「異なる意見に対してどのように反応するか」が分かるからです。例えばモラハラの人は、自分が絶対的に正しいと思っているので、異なる意見を受け止めることはありません。すぐに反論が返ってきます。相手と異なる意見を伝えた時に「そういう考え方もあるんだね」とか「なんでそう思うの？」というように、興味を持ったり、受け止めたりしてくれるかどうかを見ていくといいと思います。

U：今思えば、付き合う前に彼に対して自分の意見を一切伝えていませんでした。ただただ彼の話を聞いて、感心や同調をしてばかりでした。私も彼のことが絶対的に正しいと思い込んでいたのだと思います。

――多くの女性は付き合うことをスタートだと思い、付き合ってから信頼関係を築こうとするのですが、付き合う前に全く築けなかった信頼関係を、付き合ってから築けることってないんですよね。付き合う前にベースとなる土台があるから、安心して関係を深めることができます。よく「彼氏が話し合いできない」と不満を言っている人がいますが、それは付き合う前に対話的なコミュニケーションをしてなかったことを意味しています。恋愛ははじめよければ全て良しなんですよ。

U：はじめよければ全て良し、ですね。肝に銘じます。色々なことを詳しく教えていただきありがとうございました。とても勉強になりました。

MISHIRU POINT

1.

分かりやすいモラハラと分かりにくいモラハラがいる。後者は愛と正義の言葉を語り、善良な人間の仮面を被って登場する。

2.

よくない恋愛をしている場合は、ちゃんと身体に不調が出る。

3.

「この人はいい人だ」というジャッジをした瞬間から、本来は感知できるはずの違和感をスルーするようになってしまう。

4.

好きなことが一致しているよりも、嫌なことや許せないことが一致していた方が関係は長続きしやすい。

5.

「異なる意見に対してどのように反応するか」を見ておくとよい。

おわりに

この本に記されている全ての対話は、僕の経験に基づいた断片的な情報や記憶をまとめて再構築し、装飾を施して表現されています。

本来の対話は、長い沈黙があったり、無意味なやりとりが繰り返されたりすることが多く、はっきりとした答えや解決策が出ることも稀です。そして時間も結構かかります。そう考えると、すぐに情報を得やすい便利な現代社会においては、対話をしていくことは遠回りで非合理的な方法なのかもしれません。

ただ僕は、そういう絶え間ない対話の中でしか、人は切実な問題と向き合えないのではないかと思っています。

上手く話せないかもしれない、思いが届くかどうか分からない、傷つくかもしれない、分かり合えないかもしれない、何も進まないかもしれない。

対話を試みる時、そんなふうに考えることはあるでしょう。

確かに多くの対話は、一見すると効果が見えにくいものがほとんどです。

しかし、それでも対話をし続けた者にしか分からない感覚があり、辿り着けない領域があり、見えない希望があると僕は信じています。つまり僕にとって対話というのは祈りに近いものであり、愛とも共通する側面をいくつか感じます。

対話も愛も、それは連続性の中に存在していて、終わらないこと、つながり続けることを意味しています。なぜなら両者とも、特定の対象のみと対峙することではないからです。むしろ、対話を通して、愛する人を通して、あらゆるものを愛していく姿勢を持つことが、愛における望ましい意志や理念なのだと思います。

それから、真の対話や愛が起これば、何かが消えていくことが分かるでしょう。不安や怒りが消え、余計な意識が消え、凝り固まった観念や目の前を覆う雑念が消えていくことがあるはずです。あるいは時間や空間や世界さえも消えることがある。

何かが消えるということは、何かが残るということです。僕たちは、この情報に塗れた社会の中で、自分の中に答えや真実があることをつい忘れがちです。失わなければ気づけない洞察があるように、消えなければ見ることができない輪郭があるのです。

対話によって、愛によって、何が消えうるのか、何が残るのか、あなたの人生で確かめてみてください。

本書で生まれた問いは、きっとあなたを祝福し続けるでしょう。

著者 見知らぬミシル

男性。元小学校教師。Twitterで恋愛についてつぶやいていたところ、「フォローすれば自己肯定感が上がる」と話題となり、人気急上昇。現在、フォロワーは約15万人にものぼる。
Twitterでの発信のほか、stand.fmのラジオ公式パートナーとしても活躍。また、カウンセラーとして電話にて恋愛・人生の相談をおこない、これまでの相談件数は3000人以上となる。クズ男に悩まされている女性たちの相談が多いことから、Twitterで「クズ男」について投稿したところ、「ツイートをきっかけに、クズ男を振ってきました!」「心の声を代弁してくれてありがとうございます!」と大反響。著書に『成長した女は、その男を選ばない“クズ男”見極め教本』、『いい女は、“去る者”を追わない その恋、ただの執着です』、『一瞬で見抜ける!“クズ男”図鑑: 違和感をスルーする女、そこにつけこむ男たち』(ともに大和出版)がある。

Twitter : https://twitter.com/misiru_
電話相談窓口 : https://misiru.shop

愛《あい》で消《き》えうるものたち

2023年12月25日　初版第1刷発行

著者　見知らぬミシル
装丁　chichols
発行人　永田和泉
発行所　株式会社イースト・プレス
〒101-0051
東京都千代田区神田神保町2-4-7 久月神田ビル
Tel.03-5213-4700 Fax.03-5213-4701
https://www.eastpress.co.jp
印刷所　中央精版印刷株式会社

ISBN　978-4-7816-2271-2